Sats: MODTRYK.
Tryk: Werk's Offset, Aarhus.
Indbinding: Albrechtsens Bogbinderi, Aabyhøj.
1. oplag 1976.
ISBN 87 87458 69 1.

KVINDER I ELEKTRONIKINDUSTRIEN

Udarbejdet af
Kvinde-metal-gruppen

Margit Christensen
Brita Foged
Anne Buhl
Lena Dalgaard
Birgit Madsen
Nina Raaschou

Under titlen kvindearbejde og kvindekamp starter Modtryk udgivelsen af en ny serie. Hensigten med serien er at viderebringe en række analyser af kvindearbejdet og erfaringer fra kvindekampe udfra et socialistisk klassestandpunkt. Vores udgangspunkt er at kvindeundertrykkelsen opretholdes og udnyttes i det kapitalistiske samfund. Men kvinderne udgør ingen samlet gruppe med fælles interesse. Groft taget har hver klasse og lag sit kvindespørgsmål. Kampen mod denne undertrykkelse er en del af den samlede kamp for socialisme – idet hele arbejderklassen må overvinde den indbyrdes splittelse og stå sammen om at kæmpe for dette mål.
Vi synes det på dette grundlag er tiltrængt at præsentere en kvalificeret debat om forskellige grupper af kvinders situation. Og vi starter hermed ud med at formidle analyser, undersøgelser og udenlandske erfaringer som en modpol til den dominerende borgerlige kvindelitteratur.
Der har de senere år fra en række grupper blandt arbejderpiger og på forskellige uddannelsesinstitutioner vist sig et voksende behov for mere gennemarbejdet materiale om kvindernes stilling i samfundet.
Vi regner derfor med at vi hermed kan støtte arbejdet med disse problemstillinger rundt omkring og at vi på denne måde kan bidrage til en socialistisk strategi for kvindernes kamp såvel som understøtte udviklingen af en revolutionær kvinde- og klassepolitik. Vi håber desuden at serien kan blive en slags koordinering af det arbejde der laves omkring kvindearbejdet og dermed viderebringe den debat der foregår.
Seriens bøger kan både fås i løssalg og abonnement for at man kan følge debatten kontinuerligt.

INDHOLDSFORTEGNELSE

FORORD

Der er flere grunde til at beskæftige sig med kvindernes arbejde i elektronikindustrien. Elektronikindustrien hører til i dansk industris mest ekspansive del, og en undersøgelse af den kan derfor sige noget om arbejderklassens fremtidige arbejdsbetingelser. Samtidig har branchens ekspansion betydet en enorm tilgang af kvindelige arbejdere. Hvor kvinderne tidligere fortrinsvis var placerede i rene kvindeindustrier, arbejder størstedelen af de kvindelige industriarbejdere nu i blandede industrier. Vi vil med denne bog undersøge om denne ændring betyder en forbedring af kvindernes kampbetingelser. Derfor skal bogen også betragtes som et led i diskussionen om, hvordan man ophæver den eksisterende splittelse i arbejderklassen, den splittelse, hvor kvinderne helt klart er den svageste part.

Når man som vi er studerende og akademikere, og ikke selv til daglig står på en arbejdsplads, er det selvfølgelig svært at undersøge disse problemer. Derfor tog vi kontakt med Kvindeligt Arbejderforbunds afd. 5 i København, hvor kvinderne i jern- og metalindustrien er organiserede særskilt indenfor forbundet, i modsætning til i provinsen. Vi retter hermed en tak til afdeling 5 og de tillidskvinder på københavnske elektronikvirksomheder, den har sat os i forbindelse med, for et godt og åbent samarbejde.

Bortset fra samtalerne med tillidskvinderne og de virksomhedsbesøg, vi har været på, har det været svært for os at skaffe materiale til brancheanalysen. Arbejdsgiverne er af en eller anden grund ikke særlige villige til at give oplysninger om virksomhedernes indre forhold.

Selv om hele gruppen har arbejdet med emnet, er kapitlerne skrevet af enkeltpersoner, hvad bogen da også bærer præg af. – I kapitel I giver vi den økonomiske og politiske baggrund for ændringerne i kvindearbejdet efter 2. verdenskrig. – Den store tilgang af kvinder til jern- og metalindustrien er ikke noget isoleret fænomen, men hænger sammen med de generelle ændringer i kvindearbejdet, som vi trækker op i kapitel II. I kapitel III kortlægges dels udviklingen i den elektroniske branche, dels forholdet mellem stat og kapital, og især mellem krigsforskningen og elektronikindustrien. Dette fremgår også af de virksomhedsbeskrivelser, der er samlede i kapitel IV. I kapitel V går vi nærmere ind på kvindearbejdet i elektronikindustrien, og lønforholdene der. Bogen slutter med et indlæg i diskussionen om industriforbund og deres betydning for arbejderkvinderne.

Vi håber, at kvinder, der arbejder i elektronikindustrien, kan få gavn af bogen. Og opfordrer alle, der er interesserede i at diskutere indholdet, til at henvende sig til os. Vi kan kontaktes gennem Modtryk, Anholtsgade 4, 8000 Århus C.

Kvinde-metal-gruppen.

KAPITEL I. DET KAPITALISTISKE DANMARK.

I første kapitel vil vi give en oversigt over baggrunden for de ændringer, der finder sted i kvindeindustriarbejdet i løbet af 60'erne. Først beskrives i store træk udviklingen fra krigen til sidst i 50'erne, og dernæst følger historien om, hvordan Danmark via et boom 1958–60 bliver "et moderne industriland", det vil sige tilpasser sig til verdensmarkedet i en stadig stærkere afhængighed, samtidig med at staten, kapitalisterne og fagforeningstoppen indgår i et stadig tættere samarbejde om at fremme denne udvikling. Det betyder, at kapitalistiske principper trænger ind på flere og flere områder af samfundslivet, for at underordne eller tilpasse disse områder til kravene om mere produktion, mere profit, hurtigere omsætning, mere effektiv arbejdskraft. Vi vil også forsøge at vise, at denne udvikling ikke sker gnidningsløst. Tværtimod er den foregået meget ujævnt, dels under modstand fra arbejderklassen, dels som kompromisser mellem forskellige afdelinger af kapitalistklassen og mellem de internationale konjunkturer og folketingspolitiske muligheder. Samlingspunktet for alle disse forskelligtrettede kræfter har været *Det Danske Socialdemokrati*, og det får da også en central plads i denne indledning, fordi det har "udviklet" sig fra at være et arbejderparti til at blive den hidtil dygtigste administrator af den danske kapitalisme.

Udviklingen fra krigen til opsvinget sidst i 50'erne.

Erhvervsstrukturen

Den traditionelle danske erhvervsstruktur bestod af et landbrug, der skaffede penge hjem, det vil sige var det dominerende eksporterhverv. Industrien bestod af småvirksomheder, der overvejende producerede for hjemmemarkedet. Industrialiseringen skete sent og langsomt, bl. a. fordi landet ikke havde råvarer, bortset fra landbrugsvarerne. Man måtte importere jern, kul osv., og denne import var helt afhængig af, hvad landbruget kunne skaffe af fremmed valuta. De få virkelig store danske foretagender fandtes indenfor handel og skibsfart, som ØK og A.P. Møller.

Ved krigens slutning var landbruget stadig langt det største eksporterhverv, men i ly af importrestriktionerne i 30'erne og under krigen var der opbygget en industri, som dels beherskede hjemmemarkedet, dels stadig forøgede sin eksport. Aftagerne af landbrugsvarer var næsten udelukkende England og Tyskland, som den danske kapital derfor både før og efter krigen måtte følge i medgang og modgang, i høj- og lavkonjunktur. For industriens vedkommende kan man imidlertid endnu ikke tale om nogen større afhængighed, hverken af det europæiske marked eller verdensmarkedet.

De første 2–3 efterkrigsår var gode for dansk kapital, fordi efterspørgslen var stor, både inden- og udenlands, men derefter fulgte en 10-årig stagnationsperiode, som bl.a. skyldtes vanskeligheder med den danske kapitals tilpasning til verdensmarkedet.

Verdensmarkedet

Foruden så meget anden destruktion under krigen skete der også en enorm kapitaldestruktion. På den ene side betød den, at produktionen kunne starte på et nyt og højere niveau, og på den anden side, at det økonomiske magtcentrum havde flyttet sig fra slagmarken Europa til USA, som ikke havde haft krigen på egen jord, og som ret sent var blevet draget ind i den. Det andet økonomiske og ikke mindst ideologiske center var Sovjet. Kommunismen stod meget stærkt i Europa efter krigen, og USA forsøgte med alle midler at skaffe sig den økonomiske og politiske magt i de vestlige lande, og at få produktionen igang hurtigt for at etablere et verdensmarked. Midlerne var: dannelsen af NATO og "containment"-politikken, inddæmningen af kommunismen ved en massiv propaganda og kold krig, og ved hjælp af Marshall-planen. Denne bestod i en enorm udpumpning af dollars, som blev tilbudt alle lande i Europa, men betingelsen var, at USA skulle have kontrol med modtagerlandenes økonomi. Denne kontrol kunne østlandene selvfølgelig ikke acceptere, de afslog, og det passede USA fint – dermed havde østlandene nemlig ifølge USA's propaganda trukket jerntæppet for og begyndt den kolde krig. Med denne dollar-regn opnåede USA at få produktionen hurtigt i gang i Europa. Det betød aftagere til deres egne produkter, samtidig med at der blev skabt betingelser for hurtig genoprettelse af "ro og orden", som efterhånden skulle afhjælpe de elendige sociale forhold og den store arbejdsløshed. Også på den front skulle kommunismen nemlig "inddæmmes".

Marshallhjælpen skulle administreres af et til lejligheden nedsat europæisk råd, OEEC. Til gengæld for hjælpen skulle OEEC sætte tidsfrister for ophævelsen af alle de nationale importrestriktioner, for at der så hurtigt som muligt kunne etableres et verdensmarked med fri bevægelighed af varer og kapital. For at blive bedre i stand til at tilpasse sig denne nye situation begyndte syv europæiske lande allerede i 49 at diskutere mulighederne for at danne en europæisk forbundsstat. England, som stod svagt i den første efterkrigsperiode, trak sig imidlertid ud, og de andre dannede så som en begyndelse til EF Kul- og stålunionen i 1952. Etableringen af verdensmarkedet var også en nødvendighed for de øvrige europæiske lande. Disse var dog ikke lige så sikre på at kunne klare sig i konkurrencen, derfor aftrappede man told- og importrestriktionerne gradvis, for at give dem tid til at omstille deres produktion. Der var også andre problemer, der skulle løses, før et verdensmarked kunne køre på skinner, f.eks. kunne de nationale valutaer ikke frit veksles. Dollars'en var langt den stærkeste og blev den valuta, de andre definerede sig i forhold til.

Den politiske udvikling i Danmark.

Marshallhjælpen blev i Danmark især brugt til mekanisering af landbruget og støtte til eksportindustrien. Efter det kortvarige boom i 46–47 kunne landbruget dog hverken eksportere så meget, som de gerne ville, eller få særlig gode priser. Det hang sammen med, at landbrugsproduktionen efterhånden var kommet i gang alle steder, og at England havde store økonomiske problemer. Da England devaluerede i 49, måtte Danmark følge med, for ellers ville landbrugets indtægt være blevet endnu mindre. Til gengæld blev så importen dyrere, og det betød færre importerede råvarer og maskiner til industrien.

Hvis vi ser på sammensætningen af den danske kapitalistklasse, består den på dette tidspunkt af småproducenter og landmænd. De var ikke interesserede i at føre en hårdhændet industrialiseringspolitik via deres folketingspartier. Selv om de nok har kunnet se nødvendigheden af at få en moderne storindustri op at stå – ja, så ville det gå ud over dem selv som småkapitalister, hvis de blev strukturrationaliseret bort. De borgerlige partiers politik i 50'erne var derfor en forsigtig konjunkturregulering. Man forsøgte ved hjælp af kredit- og rentepolitik at begrænse importen, men alligevel fremme investeringerne, samtidig med at lønnen, forbruget og de offentlige udgifter blev holdt nede. Der blev dog sat noget byggeri i gang med lån fra staten, og det betød også stimulering af produktionen, ikke mindst byggematerialeindustrien. Alligevel var arbejdsløsheden høj hele vejen gennem 50'erne, den lå omkring 10%.

Netop fordi Socialdemokratiet ikke varetog bestemte kapitalfraktioners interesser, var det i stand til at se ud over de enkelte kapitalisters problemer og overskue den danske kapital som helhed, i forhold til fremtidige muligheder og den internationale kapitals udvikling. Partiet havde før krigen haft teorier om planøkonomi. De blev til dels genoptaget efter 45 med planer om aktive strukturindgreb for at fremme eksportindustrien, og begunstige rationaliseringer, teknificering og produktudvikling i det hele taget. Men de kunne ikke komme igennem med disse ideer før med trekantregeringen i 56 og den efterfølgende lange periode med socialdemokratisk-radikalt flertal. (At partiet så egentlig skulle varetage arbejderklassens interesser og ikke den avancerede kapitals, er en helt anden snak!).

Trods stagnationstendenserne skete der en vis koncentration af kapital i 50'erne. Antallet af virksomheder faldt med 20%, og eksportens andel af den samlede industriproduktion steg fra 10% i 1950 til 18% i 1955. Samtidig steg også industriens del af den samlede eksport, mens landbrugseksporten faldt.

Eftersom Socialdemokratiet ikke kunne komme igennem med intensiveringer af arbejdsprocessen fra oven, følte DsF (De samvirkende Fagforbund, senere LO) sig forpligtet til at uddanne deres egne rationaliseringseksperter, som blev sendt til USA for at studere de sidste nye metoder i opskruning af arbejdstempoet. Hans Rasmussen, som var smedeformand, udtalte, at en moderne industri havde brug for en vågen arbejderklasse, som kunne træde til, når industrien ikke selv kunne finde ud af at effektivisere produktionen.

Arbejderklassen

Men de arbejdere, som blev udsat for rationaliseringerne, var af en noget anden mening end DsF-toppen, især da de ikke fik nogen lønkompensation for tempoopskruningen. Mange reagerede med strejker. Den største var *Philipsstrejken* i 54. Den varede over en måned og udløstes af, at en arbejder blev afskediget med den begrundelse, at han var for omhyggelig. Bag dette lå en opsparet utilfredshed med en hårdhændet rationalisering hen over hovedet på arbejderne. Efter mange forhandlinger og mange idømmelser af bod, sympatistrejker og indsamlinger på 1/2 mill. kr. blev alle genansat. Der nedsattes et udvalg, som skulle undersøge rationaliseringerne på Philips, som viste sig at være grundet på tidsstudier. Som indsamlingsresultatet viser, fik strejken opbakning fra en mængde arbejdere i samme situation, og flere steder nedsattes arbejdstempoet som en direkte følge af strejken.

DKP havde engageret sig i kampen mod rationaliseringerne, og da overenskomstforhandlingerne i 56 brød sammen, stod partiet stærkt i fagbevægelsen. Da forhandlingsreglerne var opsagt, forhandlede fagene hver for sig, og de første sammenbrud kom hos arbejdsmændene og jern og metal, som først gik i strejke, og derefter sømænd, transportarbejdere og typografer. Kun "Socialdemokraten" og "Land og Folk" udkom, og det var efter alle borgerlige kræfters mening et anslag mod ytringsfriheden. Et mæglingsforslag blev forkastet ved urafstemning, men ophøjedes til lov af den socialdemokratiske regering. Strejkerne fortsatte, og en demonstration på 100.000 gik til Christiansborg for at protestere. Lederne var "*situationens generalstab*", en gruppe på 800 københavnske tillidsmænd, hvoraf mange kommunister. De opfordrede til, at strejkerne skulle fortsætte et par dage til, men så heller ikke længere, og derefter løb det ud i sandet. Det skyldtes DKP's strategi, som gik ud på at opsamle utilfredsheden og kanalisere den derhen, hvor partiet havde brug for det, nemlig ind i folketinget. "Situationens generalstab" kunne reelt ikke stille noget op uden partiets støtte, og alle de utilfredse arbejdere kunne ikke på dette fremskredne tidspunkt etablere en ny ledelse og føre kampen videre. (Nøjagtig samme strategi så vi under majstrejkerne i 74, hvor DKP på samme måde brugte en spontan massestrejke, ledet af "formandsinitiativet", til at lægge pres på Hartling-regeringen i folketinget, og derefter lod de utilfredse sejle i deres egen sø).

Den kolde krig blev blandt meget andet også brugt til at splitte arbejderklassen, og DKP havde vanskelige vilkår, især efter 56. De skiftende regeringer førte en *restriktiv lønpolitik*, og den store arbejdsløshed, især blandt ufaglærte, betød at det var vanskeligt at sætte magt bag krav om højere løn. Antallet af kvinder i arbejde faldt meget, med ca. 90.000 fra 1950 til 55, men antallet af kvindelige funktionærer steg. Antallet af husassistenter halveredes, og antallet af medhjælpende hustruer faldt til mellem halvdelen og en tredjedel af antallet i 1950. Der er altså en tendens til, at kvinderne bevæger sig fra individuelt arbejde i hjemmet til arbejdspladser, hvor der er flere i samme situation, d.v.s. hvor man i højere grad kan opfatte sig selv som lønarbejder i solidaritet med andre arbejdere eller funktionærer. Deri ligger også en tendens til ophævelse af den helt strenge opdeling af mands- og kvindearbejde.

Opsvinget i årene omkring 60.

Opsvinget omkring 1960 skyldes ikke kun, at Socialdemokratiet vandt "kampen om statsmagten". Omkring 1956–57 faldt råvarepriserne og holdt sig på et lavt niveau, og der var "ledig" udenlandsk kapital, som kunne investeres i Danmark. Udenlandske industrifolk mente, at det danske marked efterhånden var blevet tilstrækkelig stort til, at det f.

eks. var rentabelt at producere varerne i Danmark i stedet for at eksportere dem til landet. Endelig var den danske industri blevet en smule mere konkurrencedygtig på grund af rationaliseringerne og koncentrationen af kapital, som viser sig i faldet på 20% i antallet af virksomheder.

Den socialdemokratiske stat

En kapitalistisk stats traditionelle opgaver er at sørge for de "almene akkumulationsbetingelser". Det vil sige betingelserne for, at der kan produceres, sælges og investeres med mindst mulige omkostninger. Derfor skal staten sørge for lov og orden, transportsystem, postvæsen og telefon, uddannelsesvæsen osv., alt det som de enkelte kapitalister ikke selv kan klare eller som ikke kan drives som en forretning, med fortjeneste. Disse opgaver må staten påtage sig, uanset om regeringen er borgerlig eller socialdemokratisk. Det nye sidst i 50'erne er, at staten aktivt forbedrer akkumulationsbetingelserne for forskellige dele af kapitalen, først og fremmest den teknisk mest fremskredne industri, men også betrængte eksportindustrier som tekstil og beklædning.

De vigtigste initiativer i denne retning, alle omkring 57–58, var loven om *egnsudvikling,* de nye *afskrivningsregler,* og ophævelsen af skat på *kapitalimport.* Dertil kom så en hel række mere langsigtede foranstaltninger, især på uddannelses- og erhvervsforskningsområdet.

Egnsudviklingsstøtten skulle gives til virksomheder, som etablerer sig udenfor de traditionelle industricentre, og hensigten var, foruden at støtte industrialiseringen, at opsuge den arbejdskraft, som landbruget frisatte. De industrier, som især har gjort brug af støtten, er jern og metal og nærings- og nydelsesmidler. Men i øvrigt er det de industrier, som har forholdsvis store udgifter til løn og ikke så meget til maskiner, f.eks. de traditionelle kvindeindustrier tekstil og beklædning. Virksomhederne har fordel af selve støtten, af den billige arbejdskraft i disse områder og de ekstra billige kvinder, som tit oven i købet er uorganiserede og hvis eneste anden mulighed måske er rengøringsarbejde. Ikke mærkeligt, at udflyttede firmaer i et område tit forsøger at hindre, at der kommer flere til!

Hvor stor betydning egnsudviklingsstøtten har haft, er svært at sige, for udflytningen var allerede i gang sidst i 50'erne, men den må have fået et ekstra skub. I 1949 var halvdelen af alle industriarbejdere beskæftiget i Kbh., mod kun en tredjedel i 1969, og efter 58 bliver 2/3 af tilgangen til industriarbejderstyrken beskæftiget i Jylland. Egnsudviklingsstøttens garantibeløb var i 68/69 på 100 mill. kr., og rammen for lån og tilskud henholdsvis 25 mill. og 3 mill. kr. Siden 58 er væksten i provinsens industri især sket inden for træ og møbel,

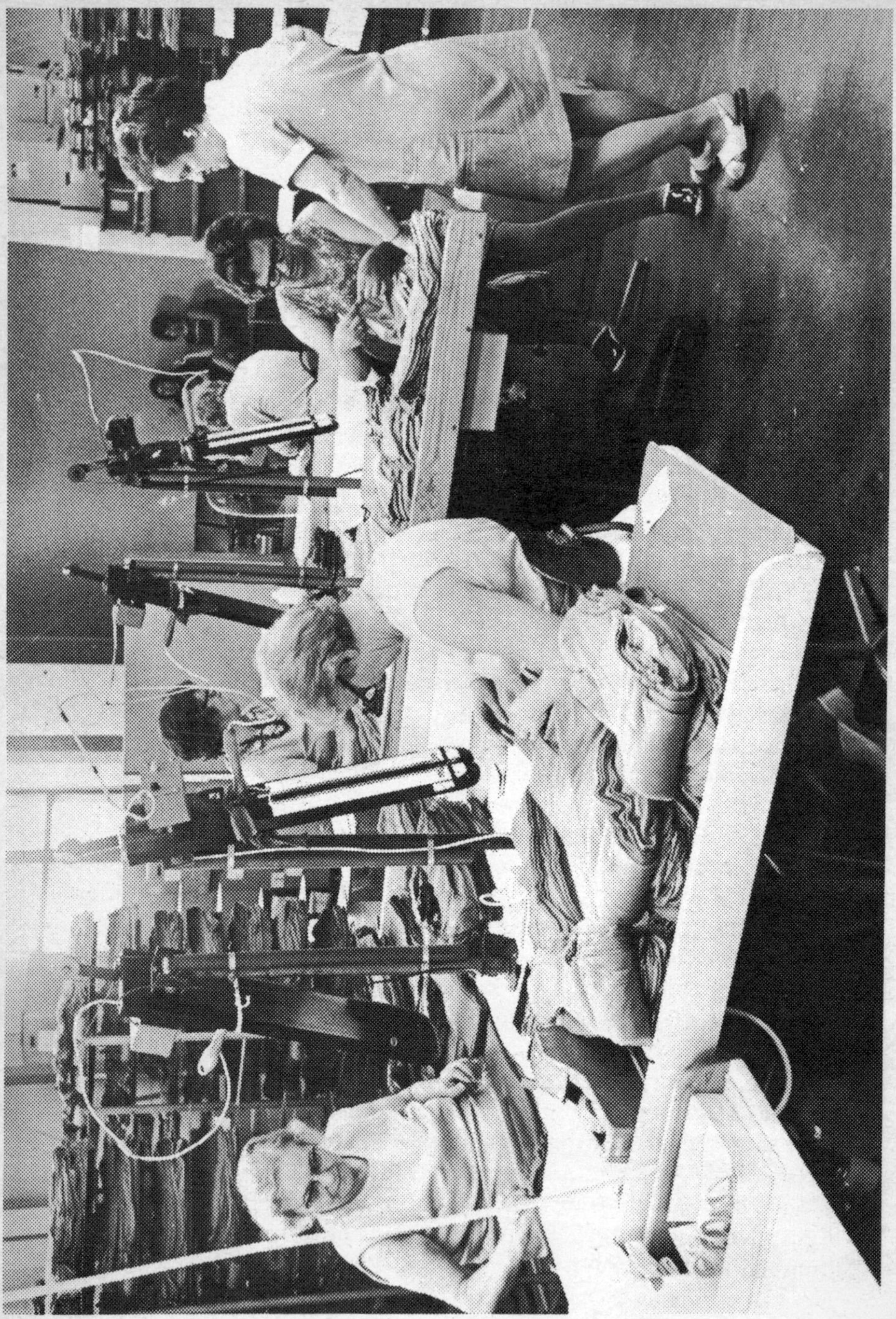

sten, ler og glas, og endelig fodtøj og beklædning, hvor tilgangen af kvinder findes. Antallet af arbejdere i jernet i provinsen er fordoblet mellem 58 og 72, og hele nettotilgangen af kvinder til elektronik er foregået i provinsen.

Der blev også i 58 gennemført nye afskrivningsregler, som skulle virke opmuntrende på investeringslysten, og selskabsskatten blev ændret til fordel for større virksomheder. Ligeledes i 58 blev Financieringsinstitut for industri og håndværk oprettet. I 1960 kom "Danmarks teknisk-videnskabelige forskningsråd" med tilhørende fonds, bl.a. "Statens lånefond for Erhvervsforskning", som havde en startkapital på 6 mill. Handelsministeriets produktivitetsudvalg yder tilskud til produktivitetsfremmende foranstaltninger, uddanner konsulenter og driver produktivitetsfremmende oplysningsarbejde. Desuden "Danmarks erhvervsfond", som giver eksportkreditgarantier på op til 8,5 milliarder. Staten gav også lån til rationalisering, udvidelse eller omlægning af produktionen. Det meste af erhvervsforskningen foregik imidlertid stadig på de enkelte virksomheder, med henblik på udvikling af nye produkter, især i elektronik og kemisk, men også i plast og optik.

Den offentlige sektor

Socialdemokratiet satsede på en stærk udbygning af den offentlige sektor. Disse store statsudgifter, som i de nuværende krisetider ser ud som ren og skær luksus, skal betragtes ud fra to synsvinkler. På den ene side er den offentlige sektor naturligvis ikke produktiv i den forstand, at der produceres varer, der kan sælges, og det er det uproduktive aspekt, man med rette fikserer på i øjeblikket. Når profitten i krisetider bliver for lille, er det klart, at den del af profitten og lønnen, som via skatter tilflyder det offentlige, må beskæres på en eller anden måde (efter at kapitalisterne har skåret hvad de kan af arbejdernes løn), men det er også klart, at det ikke kan gøres uden at forøge arbejdsløsheden. På den anden side, selv om statsudgifterne er uproduktive, kan de stimulere til værdiskabende produktion. Både i 50'erne og 60'erne har staten ved hjælp af støtte til boligbyggeriet indirekte støttet byggematerialefabrikanterne med enorme summer, hvad der har ført til koncentration i nogle grene, f.eks. F.L. Smidth. Det betød relativt høj løn til bygningsarbejdere, også fordi der ikke var nogen udenlandsk konkurrence i byggeriet. Boligbyggeriet er gennem 60'erne blevet brugt som økonomisk regulator, således at byggeriet fremmedes, når beskæftigelsen skulle forbedres og produktionen stimuleres efter en nedgangsperiode. Staten begrænsede byggeriet, når lønstigninger i det hele taget skulle bremses, (der er ikke noget, der kan bremse lønstigninger som en omgang arbejdsløshed!), når lånemulighederne skulle reserveres for eksportindustrien, og når inflationen skulle bremses, selv om resultatet ville blive arbejdsløshed.

Andre statsudgifter er betinget af *samfundsmæssiggørelsen af reproduktionen*. Det vil sige, at flere og flere af familiens (d. v. s. kvindernes) traditionelle opgaver varetages af det offentlige. Enten fordi det gavner erhvervslivet mere, at kvinderne har udearbejde, end at de passer børnene hjemme, eller også fordi familien ikke mere er i stand til at varetage disse opgaver på forsvarlig måde. Reproduktionen af arbejdskraften betyder opretholdelse eller genskabelse af arbejdsevnen, både fra dag til dag ved hjælp af mad, afslapning og søvn, og på længere sigt samt psykisk, ved hjælp af socialrådgivning, familieterapi, revalidering. Udbygningen af social- og sundhedssektoren har været en nødvendig følge af det stadig stærkere pres på arbejderne, både fysisk og psykisk. Selv om det er dyrere for samfundet som helhed at betale invalidepensioner, bygge hospitaler osv. for at lappe på skader som er sket på grund af opskruet arbejdstempo. sundhedsfarlige materialer eller belastninger som støj, støv, varme, træk, kulde, end at forhindre disse skaders opståen, ved at gøre noget effektivt ved arbejdsmiljøet – ja så kan man altså ikke stille regnestykket op på den måde, så længe arbejdspladsen er privat og reparationen offentlig.

Uddannelse eller *kvalifikation af arbejdskraften* er også en sag for det offentlige. I 58 kom der en ny skolelov, som betød længere udelt skolegang. Tendensen har siden været at sikre og udbygge dette fælles almene niveau, som er en nødvendighed i et teknisk udviklet kapitalistisk samfund, hvor arbejderen skal have en vis indsigt i sit eget arbejde, og være motiveret for og i stand til at blive omskolet eller efteruddannet. Og jo bedre grunduddannelse, jo bedre omstillingsevne – det er et af erhvervsforskningens resultater! Omkring 58–59 blev der iværksat undersøgelser angående industriens behov for teknisk arbejdskraft, og det førte i begyndelsen af 60'erne til oprettelse af nye mellemtekniske uddannelser, f.eks. teknikum.

Socialdemokratiet opfattede ikke selv disse stærkt forøgede udgifter til uddannelse, social- og sundhedsvæsen som prestige eller luksus, men tværtimod som nødvendige for kapitalismens udviklingsmuligheder i Danmark på længere sigt – det viser følgende citat fra den socialdemokratiske økonom Svend Aage Hansen:

> Denne forbedring var imidlertid ikke blot en luksus, velstandssamfundet havde råd til. På lidt længere sigt var den selve forudsætningen for, at samfundet kunne bevare sin konkurrenceevne og hermed sikre en fortsat velstand.
>
> På det sociale og sundhedsmæssige område var en væsentlig del af

udgifterne ligeledes affødt af erhvervsudviklingens effektivisering. Kvindernes voksende erhvervsfrekvens forudsatte en øget udbygning af børnehaver, fritidshjem m.v. Behovet for plejehjem, alderdomshjem o.l. var til dels et udslag af samme tendens, dels en virkning af den forlængede levealder, som den bedre sundhedsforsorg i sig selv havde bidraget til. Hertil føjedes den udbygning af sundhedsvæsenet og invaliditetsforsorgen, der skyldtes det fysiske og psykiske pres, som velstandssamfundets produktions- og samkvemsformer fremkaldte. (Økonomisk vækst i Danmark II, 176).

Opsvinget i tal

Da skatten på kapitalimport faldt væk, var der ingen hindringer for udenlandske investeringer i Danmark. Opsvinget blev da også i høj grad financieret udefra, enten som direkte investeringer eller ved lån i udlandet. Opsvinget kan aflæses på forskellige måder, bl.a. ved faldet i arbejdsløsheden. Den havde ligget omkring 10% i 50'erne, og lå i 58 på *9,2%*. De følgende år falder den støt: *5,9, 4,2, 3,3, 3,0* (i 1962). De følgende gennemsnitsberegninger for 6-års-perioder skal vise dels hvor opsvinget kommer, og dels at den efterfølgende periode nok ligger på et højt niveau, men ikke udvikler sig nær så eksplosivt.

	1950/60	*1956/62*	*1962/68*
Den gennemsnitlige stigning pr. år i industriens bruttofaktorindkomst (løn og overskud)	80 mill.	500 mill.	500 mill.
Gennemsnitsstigning pr. år i industriens investeringer		190 mill.	10 mill.

Investeringerne i industri sker især i årene 59—62, 64—65, 69—70. De mellemliggende perioder er recessionerne, d.v.s. småkriser. I 1960 begynder antallet af virksomheder at stige, efter at det er faldet gennem 50'erne, men stigningen stopper omkring 64, hvorefter det går lidt tilfældigt op og ned. Stigningen fra 60 til 64 kan dog ikke tages som udtryk for, at koncentrationsprocessen er ophørt, for antallet af virksomheder siger for det første ikke noget om ejerforholdet, og for det andet kan der godt stadig ske sammenlægninger, men så er antallet af nyoprettelser altså så meget større.

I årene 58—60 stiger antallet af industriarbejdere med 20.000 pr. år og stabiliserer sig derefter omkring 300.000, hvor det i 50'erne lå omkring 240.000. Der sker altså det, at *arbejdskraftreserven opsuges* i løbet af få år, og arbejdsløsheden ligger det meste af 60'erne under

3%. I de fire vigtigste kvindebrancher (jernet, nærings- og nydelsesmiddel, tekstil, beklædning) kommer der 10.000 kvinder ind fra 1955–60, og alene i jernet 6.000 i løbet af de fem år. Men i øvrigt må man sige, at det offentlige opsugede mere arbejdskraft end industrien, samt at den store vækst i kvindearbejdet først kom i løbet af 60'erne. (Angående udviklingen i kvindearbejdet: se de to næste kapitler).

Udviklingen i 60'erne (de glade)

Industrien

Den danske industrieksport steg fra 25% af produktionsværdien i 1958 til 30% i 1969, og stigningen var på 13% pr. år indtil 1966. I kroner og øre var industrieksporten næsten fire gange større i 69 end i 58, og den førende branche var begge år jern og metal. På andenpladsen kommer nærings- og nydelsesmidler, og som nr. 3 kemisk. På fjerdepladsen er i 1974 elektronik.

Selv om der i 60'erne sker en stærk koncentration af kapital, er det karakteristisk, at strukturen med mange mindre virksomheder opretholdes, og en af fordelene er, at det også betyder en opsplitning af arbejderne. De store arbejdspladser har altid været de mest radikale – det er skibsværfterne gode eksempler på. I begyndelsen af 60'erne skete der en stærk koncentration af levnedsmiddelindustrien. Det var simpelthen en livsbetingelse for branchen for at kunne gøre et fælles eksportfremstød for de forædlede landbrugsvarer – med karolinekøer i spidsen. Bryggerierne, som i forvejen var fusioneret, blev sluttet helt sammen, og ligeså tobaksfabrikkerne, som i 61 startede Skandinavisk Tobakskompagni. Indenfor jern og metal skete der også koncentrationer, med Thrige-Titan i 65 og LK-Nes i 68 (Laurids Knudsen – Nordisk Elektricitets Selskab).

På andre felter laves *specialiseringsaftaler*, sådan at man deler markedet mellem sig, eller *underleverandørsystemer*, hvor man producerer til hinanden og til eksport. Underleverandør- og komponentproduktionssystemerne bliver meget udbredt i 60'erne som et vigtigt led i strukturrationaliseringerne. Den danske industri kan aldrig blive masseproducerende og konkurrere på pris, men må i stedet satse på specialproduktion, som hurtigt kan omstilles, sådan at der konkurreres på det teknisk sidste nye, samt på kvalitet. Det gælder om at finde "lommer" på verdensmarkedet, udtaler industrifolk gang på gang, og det er ikke til at vide, om det også skal forstås derhen, at det gælder om at komme i lommen på verdensmarkedet, men det bliver i hvert fald resultatet.

En betænkning ("chockrapporten") forudsagde i 58, at 40% af industrien risikerede nedgang i produktionen, hvis Danmark blev medlem af et af de europæiske markeder på det tidspunkt. I 62 kom der en ny rapport, der sagde, at nu var det kun 20% af industrien, der ville få vanskeligheder. Det siger noget om, hvor svag industrien selv mente, den var, i forhold til den internationale kapital. På grund af den gradvise markedstilslutning, fra EFTA i 60 til EF i 72, har industrien siden haft god tid til at tilpasse sig, og eksporten steg hele tiden stærkt. Industriens andel af den samlede eksportværdi var i 57 på 35%, i 63 på 50% og i 70 helt oppe på 60%. I forbindelse med offentliggørelsen af chokrapport nr. 2 i 1962 interview'ede Dansk Teknisk Tidsskrift handelsminister Hilmar Baunsgård og spurgte ham, hvad industrien skulle gøre. Han giver tre gode råd: *1)* øget specialisering og komponentproduktion, især i maskinindustrien, fordi det ville passe til den eksisterende størrelse af de danske virksomheder, at de ikke spreder sig for meget. *2)* hedder Q for quality: "Dansk industris særkende er jo ikke masseproduktion af prisbillige varer, men kvalitet såvel i formgivningen som i udførelsen", og han foreslår kvalitetskontrol og -mærkning. *3)* De danske virksomheder skal holde op med at spilde tid og kræfter på indbyrdes konkurrence og i stedet lave fælles eksportfremstød ligesom landbruget.

Landbruget

Når Danmark allerede i 61 søgte om optagelse i EF, var det mest for landbrugets skyld. I EFTA skete der blot en nedtrapning af tolden på industrivarer, men ikke på landbrugsvarer. I EF lagde man told på landbrugsvarer der kom udefra, hvad der skadede den danske eksport til Tyskland meget. I EF var der fælles prisfastsættelse for landbrugsvarer samt en fond, som udbetalte eksportstøtte, foretog støtteopkøb af varer og betalte strukturændringer. Landbrugspolitikkens mål er ifølge Rom-traktaten "at forøge landbrugets produktivitet ved udvikling af de tekniske fremskridt, ved rationalisering af landbrugsproduktionen og ved bedst mulig udnyttelse af produktionsfaktorerne, især arbejdskraften". Desuden: "at stabilisere markederne, at garantere forsyningerne, og at sikre forbrugerne rimelige priser på landbrugsvarer". Det lød jo for de danske landmænd omtrent som at komme i himlen, så de anfægtedes ikke af rapporter fra EF om smørpukler og flæskebjerge.

Gennem 50'erne og 60'erne skete der en kraftig *rationalisering af landbruget*, dels ved mekanisering, dels ved sammenlægninger af brug, og begge dele betød afvandring af arbejdskraft. Trods dette gik eks-

porten kun langsomt frem. I 1957 stod industri og landbrug lige i eksport, hvis man regner kød- og mælkekonserves med til industri. Fra 61, hvor man regnede med at komme i EF, femdobledes statsstøtten til landbruget i forhold til året før, og den udgjorde i 68 en tredjedel af landbrugets nettooverskud.

Det er svært at gennemskue, hvilke grunde der har været til, at landbruget er blevet støttet så kraftigt, samtidig med, at eksportstigningen var minimal. En del af forklaringen er nok, at erhvervet ikke kræver import (i hvert fald kun lidt), men giver en del eksport, trods alt, og dertil kommer, at det leverer råvarer til nærings- og nydelsesmiddelindustrien, som er næststørste industrieksport. Men landbrugsorganisationernes styrke må også tages i betragtning, ligesom betydningen af traditionen for, at Danmark først og fremmest er et landbrugsland.

Øvrige erhverv

Der er sket et fald i antallet af små selvstændige i 60'erne, især detailhandlere og håndværkere, men nye grupper er kommet til, så faldet har været mindre end man måske kunne vente. Radio-, fjernsyn- og bilreparation er steget, og der findes en del små specialværksteder og underleverandører med måske kun en aftager, så det er så som så med selvstændigheden. Da momsen blev indført, kunne det høres, hvor trængt de små selvstændige var blevet, og det slog igennem til direkte protest i begyndelsen af 70'erne, da de i stort tal vandrede fra de konservative til Glistrup.

Antallet af funktionærer i den private sektor blev stærkt forøget. Det hænger dels sammen med industriens højere tekniske stade, som kræver flere mellemteknikere ansat, dels med nødvendigheden af hurtigere omsætning. Den investerede kapital skal slå om på stadig kortere tid, d.v.s. tjene sig ind hurtigere og hurtigere, fordi et produkt kun kan sælges et vist stykke tid før der skal fornyelser til. En dyr, avanceret maskine skal helst være i brug hele tiden, evt. ved hjælp af skiftehold. Derfor betyder salgsarbejdet lige så meget som tempoforøgelsen i produktionen, og derfor må arbejdsgiverne have marketingsfolk, eksportkonsulenter osv. Det viser sig som vækst i antallet af de firmaer, der beskæftiger sig med reklame, revision, rådgivende ingeniør- og rationaliseringsfirmaer, laboratorier, edb-bureauer, branchesekretariater, industriel formgivning osv.

Endelig er der sket en enorm vækst i den offentlige sektor, i udbygningen af administrationen, offentlig reproduktion og lapperi på fysiske og psykiske arbejdsskader, samt undervisning og service af forskellig slags, og det er især her, i den offentlige sektor, at kvinderne er kommet i arbejde.

Velfærdsstaten

Denne højkonjunkturperiode, som nu nostalgisk kaldes "de glade 60'ere", og som i 60'erne hed "velfærdsstaten" var så langvarig, og syntes så stabil, at både erhvervsfolk og politikere troede, at den krisefri kapitalisme endelig var kommet. Tilbageslagene i 63 og 66–68 satte kun væksten ekstra i relief, og bekræftede antagelsen om, at kriserne kunne styres, så de kun blev krusninger på overfladen. Omkostningerne ved væksten var en stærk stigning i antallet af invalidepensionister og førtidspensionerede. Arbejdsulykkerne steg, ligesom skader og slid som følge af ensidigt arbejde og for højt tempo. Også pille- og alkoholmisbrug steg, og det sidste var ikke længere forbeholdt mændene. Men alt imens steg produktiviteten med 100 procent!

Den politiske udvikling i 60'erne

Ved overenskomsten i 58, som var 3-årig, blev arbejdstiden nedsat fra 48 til 45 timer, men til gengæld blev lønsatserne næsten ikke forhøjet, og effektiviteten skulle øges. I den nye hovedaftale af 1960 blev der indføjet en passus, som anbefalede brugen af produktivitetsfremmende lønsystemer. Overenskomsten blev indgået under de nye forhandlingsregler, som gav forligsmanden ret til at sammenkæde de enkelte forbunds afstemningsresultater, således at muligheden for forkastelse nu var meget lille. Fordi overenskomsten var indgået i starten af boomet, kom de normallønnede meget bagud i forhold til de minimallønnede, som havde ret let ved at få lønglidningen til at glide i denne periode. De ufaglærte reagerede massivt, efterhånden som det viste sig, hvor dårligt resultatet var. Alene i de tre sommermåneder 1960 var der 127 "vilde" strejker, og i langt de fleste tilfælde fik arbejderne deres krav opfyldt. Især ufaglærte mænd og kvinder indenfor jernet var aktive, og 1500 kvinder på Carlsberg-Tuborg indledte en strejke, som blev fulgt op af mændene og i provinsen, hvor de krævede ligeløn og forhøjelser, og de fik opfyldt i hvert fald størstedelen af deres krav.

Ved overenskomstforhandlingerne i 61 blev mæglingsforslaget forkastet af jern og metal og transport, og efter en ikke særlig effektiv strejke for udvalgte områder, som medførte små ændringer, accepterede arbejderne overenskomsten, som da også var så god, at den siden er blevet kaldt for "indkomstgildet" af de borgerlige. Det gode resultat var en følge af, at arbejderne havde vist deres styrke gennem de mange strejker, for der kom især forhøjelser til de ufaglærtes forbund, DASF og Kvindeligt Arbejderforbund. Men året efter blev en god del af disse stigninger udhulede af oms'en, en 9%'s engros-omsætningsaf-

Briller påbudt

gift, som skulle begrænse forbrug, inflation og import. Staten opererede også tidligere med indirekte beskatning i form af punktafgifter, men først nu kommer den generelle indirekte beskatning, som i 67 følges op med momsen, vedtaget af landets første arbejderflertal, som udmærket vidste, at momsen "vender den tunge ende nedad". Det betød prisstigninger på alle nødvendige dagligvarer og var derfor et overgreb mod arbejderklassen og andre lavtlønnede. De direkte skatter lå dog ikke stille af den grund. I 63 tager man skatterne ud af pristallet, således at forhøjelser ikke kommer til at udløse dyrtidsportioner, og derefter er der frit slag for stigninger. Mens skatten i procent af bruttofaktorindkomsten steg fra 20 til 26 i løbet af 50'erne, er den allerede i 65 oppe over 30%, og i 1970 over 40%, og dermed har Danmark vist nok verdensrekord i skatteprocent.

Den indirekte beskatning var et led i Socialdemokratiets forsøg på at skaffe sig mere effektive styringsmidler end hidtil, og ved overenskomsten skulle det første samlede indkomstpolitiske eksperiment løbe af stabelen. Som rådgivende organ for politikerne var "Det økonomiske råd" blevet nedsat året før, med tre "upolitiske eksperter" i spidsen. Om det dengang var hensigten, at de indkomstpolitiske løsninger skulle erstatte overenskomstforhandlingerne i al fremtid, er ikke til at vide, men det lykkedes i hvert fald kun den ene gang i 63 at få tilslutning fra både DA og LO til et indkomstpolitisk indgreb allerede *før* overenskomstforhandlingerne var afsluttet. Og det er klart, at de endte resultatløst, når det kun var skinforhandlinger. Resultatet blev et sæt af love, *"helhedsløsningen"*, som indeholdt uændret forlængelse af overenskomsterne med forhøjelser for de lavest lønnede, forbud mod strejker, lov om ATP (som faktisk bliver en slags arbejdsgivernes financieringsfond), pris- og avancestop, hvor der ikke er omkostningsstigninger. Endelig bunden opsparing og øget landbrugsstøtte. (I 63 nedlagde Frankrig nemlig veto mod Englands og Danmarks optagelse i EF, så der skulle nogle kompensationer til). Pris- og avancestoppet blev ophævet et halvt år efter, og derfor mente arbejderne på B & W naturligt nok, at helhedsløsningen måtte være bortfaldet, så de strejkede for at få lønforhøjelse.

Når LO var villig til at gå ind på uændret forlængelse, kan det måske skyldes, foruden sammenspistheden mellem LO-toppen og Socialdemokratiet, at der var en mindre recession i 63, og når arbejderne ikke satte sig op mod LO-toppens sammenspisthed med regeringen, kan det skyldes, at de blev taget på sengen, fordi regeringen havde taget ved lære af begivenhederne i 56 og grebet ind, før der overhovedet var fremsat mæglingsforslag. Om den manglende kampvilje dermed er forklaret, ved jeg ikke. At DKP var svagt, og SF placerede sig tæt op af Socialdemokratiets venstrefløj er jo mere en følge af det lave kampniveau end en årsag til det. Men i hvert fald var der ikke nogen, der kunne kanalisere den utilfredshed, der må have været til stede, og Socialdemokratiet stod på toppen af sin udvikling som statsbærende parti. Det fik ved valget året efter over 1 mill. stemmer.

Byggeriet var som sagt i høj grad blevet brugt som konjunkturregulator, hvad de borgerlige partier ikke var så begejstrede for. Socialdemokratiet mente efterhånden også, at der nu var bygget så mange boliger, at boligmarkedet gradvis kunne overgå til selvregulering, både med hensyn til huslejepriser og igangsættelse af byggeri. Det førte til *boligforliget* i 1966. Virkningen var, at både gamle og nye lejligheder nu blev dyrere, og at det blev lettere at lave dem om til ejerlejligheder. Selv om der blev indført boligsikring for at afbøde de værste virkninger, kom det kun de allerlavest lønnede til gode. For arbejderklassen som helhed må boligforliget siges at være et alvorligt tilbageskridt, ligesom det var et tilbageskridt for socialdemokratiet som arbejderparti.

Efter valget i 66 fik arbejderpartierne for første gang i landets historie flertal og dannede "det røde kabinet", men det var småt med socialismen i deres politik. Momsen, som udhulede arbejdernes løn, blev vedtaget. Regeringen ville også tilbageholde en dyrtidsportion, men det faldt den på. SF's venstrefløj ville ikke være med til at fortsætte den arbejderfjendske politik, de gik ud af partiet og dannede VS.

De knap så glade 70'ere

De første krisevarsler kom med dollarproblemerne i 71, hvor det blev klart, at dens værdi længe havde været overvurderet. En OECD-rapport konstaterede, at ganske vist var der fremgang i 71/72, men opgangen var for første gang indtrådt i alle lande på samme tid, og det kunne derfor forudses, at også kriserne for fremtiden ville blive sammenfaldende. Det var en af følgerne af verdensmarkedsintegrationen. Den større radikalitet, der viste sig blandt arbejderne, drejede sig ikke primært om lønforhøjelser. I 71 var der to strejker, som var vendt mod den manglende beskyttelse af tillidsmænd, på Ålborg og Svendborg værfter. Antallet af strejker steg stærkt i 70'erne, og også på andre områder skete der radikaliseringer, f.eks. omkring folkebevægelsen mod EF.

Dele af den danske kapitalistklasse pressede mere og mere på for at komme ind i EF. De havde længe forberedt tilslutningen, som var temmelig nødvendig, både for landbruget og den avancerede industri, men også på grund af de svage stagnationstendenser, der havde vist sig i anden halvdel af 60'erne, hvor alle vesteuropæiske lande undtagen EF måtte leve med lavere vækstrater end i perioden omkring 60. Den offentlige diskussion om Rom-traktaten og hvad den indebar var meget større end i 61, og politikerne erklærede, at de ikke under nogen omstændigheder ville gå med til militær og politisk union, og heller ikke samordning af socialpolitik osv. *Folkebevægelsen mod EEC* gjorde et stort arbejde for at oplyse om de virkelige perspektiver for medlemskabet, som stadig var en europæisk forbundsstat, siden arbejdet med den begyndte i 49. Der blev holdt afstemninger på mange arbejdspladser, som gik imod regeringens holdning, og på DASF's kongres blev der stort nej-flertal. Men erhvervslivet og de borgerlige partier havde naturligvis langt flere reklamepenge til rådighed, og da de havde forberedt tilslutningen længe, var det meget om at gøre at få flertal for ja. Resultatet blev 57% ja og 33% nej. Krag gik af som statsminister, på grund af den splittelse, der havde vist sig i partiet på EF-spørgsmålet.

I 72 strejkede plattedamerne på Den kgl. Porcelænsfabrik og typograferne på Politiken, og der blev indsamlet store beløb til dem. Når indsamlingsarbejdet var blevet så effektivt og velorganiseret, skyldtes det bl.a., at den bevægelse, der siden 67—68 havde været på venstrefløjen, havde taget fastere form i organisationer etc.

Ligelønskravet var efterhånden blevet uomgængeligt, fordi der nu var så mange kvinder i arbejde, og fordi de var nødvendige. Der havde været en stor strejke på Danfoss for ligeløn, og Initiativgruppen for ligeløn havde defineret kravene således: fælles mindsteløn, lige løn for samme arbejde, fælles sats og samme tillæg. I realiteten blev kun det første opfyldt ved overenskomsten i 73, idet ordet "kvinder" skulle udgå af lønaftaler. Og da mindstelønnen ved denne overenskomst ikke blev hævet noget videre, viste det sig ifølge Land og Folk, at 85% af kvinderne allerede lå over denne nye fælles mindsteløn. (Se også kapitel 5 om lønformer).

I 73 var krisen en realitet. Det første tydelige udtryk var *oliekrisen,* som i høj grad blev opfattet som årsagen til de efterfølgende vanskeligheder, fordi den bevidst blev udnyttet til at skabe en sammenholdets og afsavnets ånd, som blev fulgt op af nul-vækst-, livskvalitet- og miljødebatterne. Det var en smart forberedelse til de nedskæringer der fulgte. I tillid til denne ideologi foretog socialdemokratiet i 73 nedskæringer på socialområdet. De suspenderede en pristalsregulering af børnetilskuddet og tog folkepensionen fra kvinder mellem 62 og 67. Det gjorde de, fordi kapitalen skulle have sin investerings-"lyst" tilbage, ved at staten ikke lægger beslag på så meget af overskuddet til skatter som før krisetendenserne.

I 74 indfører Hartling bunden opsparing og bremser byggeriet kraftigt, således at krisen virkelig slår igennem med stor arbejdsløshed i byggefagene, og lukninger af virksomheder, som producerede til byggeriet. Filosofien bag denne politik var, at arbejdskraften skulle ledes fra den offentlige sektor over i eksportindustrien. Men indgrebet kom for sent; også eksportindustriarbejdere blev nu arbejdsløse. I maj 74 havde Hartling en afgiftbuket klar til vedtagelse i folketinget, og dette "sorte forlig" satte proteststrejker i gang over hele landet. Skibsværftsarbejderne startede og var de mest aktive, men også typograferne og bryggeriarbejderne sluttede op, samt mange andre, ialt ca. 200.000 på den største strejkedag. Der opstod efterhånden en ledelse af tillidsmænd, "*formandsinitiativet*", hvoraf mange kommunister. Forløbet var fuldstændig det samme som i 56, hvor det også lykkedes DKP at få en stærk og spontan protest kanaliseret over i folketingspolitiske manøvrer, hvis mål var "ud med Hartling" og ind med en "arbejderregering". Da den kom til, foretog den det hidtil groveste indgreb i socialsektoren, nemlig nedskæringerne på børnepædagogerne.

Men på trods af arbejdsløsheden var der mange strejker og arbejdskampe i 74—75, og det virkeligt nye var, at hverken DKP eller andre havde nogen indflydelse på dem. Der var selvorganiserede kampe mod lukninger og afskedigelser, og lønkampe, som Uniprint, Sabroe, Nilfisk, DVI, HT, Storno, Skråen, postarbejderne og pædagogerne, og der var blokaderne mod uorganiserede på Bækkelund og Info, som fagforeningerne naturligvis stod bag. Strejkerne gav anledning til hetz mod "kinesere" fra både borgerlige og socialdemokrater, selv om der måske kun var en enkelt venstreorienteret på hele virksomheden.

Overenskomsten i 75 betød uændret forlængelse, bortset fra nogle små lavtlønstillæg. Desuden skete der næsten ingen lønglidning i årets løb. Ikke mærkeligt, at antallet af strejker steg stærkt. I 74 var antallet af tabte arbejdstimer 150.000, og tallet var allerede i oktober 75 fordoblet: 310.000 tabte arbejdstimer, fra januar til oktober 75.

Det var *socialdemokratiet*, der forlængede overenskomsterne, og *socialdemokratiet*, der foretog de groveste sociale nedskæringer. Så længe de to linjer i socialdemokratiets politik kunne forenes, var partiet stærkt, men nu i krisen afsløres det, at der var tale om *to* linjer, nemlig sikring af produktionens vækstbetingelser på den ene side, og forbedring af arbejderklassens levevilkår på den anden side. I en krise er partiet tvunget til at vælge, og det vælger *altid* at støtte produktionen, det vil sige kapitalisterne. Derfor vil socialdemokratiet i krisetider miste en stor del af arbejderklassens loyalitet.

Der er selvfølgelig også mange socialdemokrater der ikke er glade for situationen, men de bøjer sig for partiets linje, fordi man bilder dem ind, at hvis de ikke selv vil foretage stramningerne, så kommer de borgerlige og gør det ti gange værre. Og de borgerlige er godt tilfredse, for selv om socialdemokratiet er i krise, kan det alligevel bedre foretage indgreb overfor arbejderklassen, uden at der opstår massiv modstand, end de borgerlige partier kan.

Socialpolitik

Som nævnt tjener de sociale ydelser reproduktionen af arbejdskraften eller (gen)skabelsen af arbejdsevnen. I 60'erne, hvor der efterhånden blev mangel på arbejdskraft, forsøgte staten via socialpolitikken at få nye grupper ud på arbejdsmarkedet, f.eks. kvinder med børn, og at få syge eller skadede, ja selv åndssvage, i arbejde. Der skete en stærk udbygning af daginstitutionerne, enlige mødre fik forhøjet børnetilskud og uddannelseshjælp, og revalideringen blev gennemført ved love i 60 og 62.

Trods revalideringen stiger antallet af invalidepensionister stærkt, fra 49.000 i 1954 til 112.000 i 1970, og det går især ud over de ældre fra 55 til 64 år. Der var i 1951 17.000 i denne gruppe, mod 62.000 i 1970, og det er næsten en firedobling, i forhold til godt en fordobling af det samlede antal invalidepensionister. Det viser den stærkt forøgede nedslidning af arbejderne, når en så stor gruppe ikke engang kan holde, til de når pensionsalderen.

Bistandsloven

I 1964 blev socialreformkommissionen nedsat. Ikke for at ændre socialpolitikkens indhold, men for at rationalisere og forenkle strukturen. Over 10 år efter blev så *bistandsloven* vedtaget. Rationaliseringen bestod i, at forskellige institutioner som mødrehjælpen, børneforsorgen, revalideringen og hjemmehjælperordningen samt den offentlige forsorg blev slået sammen til en, sådan så man nu kun skal henvende sig et sted, hvis man skal have støtte. Det er selvfølgelig en fordel, hvis man er så heldig at få en god "sagsbehandler", som skal tage sig af en, lige meget hvilken slags støtte man skal have, og følge hele ens familiies forhold i støtteperioden. Men det giver også socialvæsenet stærke kontrol- og registreringsmuligheder. Administrationen af bistandsloven lægges ud til kommunerne, og da retningslinjerne for rådgivning, oplysning og opsøgende arbejde er meget vagt formuleret, kan kommunerne i høj grad selv afgøre, hvor meget bistandsloven skal koste, altså hvor stort det sociale budget skal være. Det kan skifte både efter det politiske flertal i byrådet og efter de økonomiske konjunkturer.

Selv om bistandsloven skal administreres kommunalt, betaler staten en del af udgifterne via bloktilskuddene. Tidligere blev både invalidepensioner og revalidering refunderet 100%, men nu, hvor industrien ikke har brug for revalideret arbejdskraft, er det kun invalidepensionerne, der refunderes totalt. Revalideringen må nøjes med 50%. Helt parallelt med dette foregår nedskæringerne på daginstitutionerne, som nu også skal administreres af kommunerne. Der skal skæres 300 mill. over to år, og børnetilskuddene skæres også ned. Det vil sige, at de marginale grupper, som kom i arbejde i 60'erne, støttet af staten, nu igen presses ud af arbejdsmarkedet med statens hjælp. Det drejer sig om kvinder, skadede og handicappede.

Det er "sagsbehandleren" der skal vurdere, hvilken slags støtte man har brug for, så man har ingen mulighed for selv at finde ud af, hvad man har krav på at få. "Sagsbehandleren" skal vurdere ansøgerens totalsituation, og det vil sige, at familiens forhold tit vil blive inddraget. Det hænger sammen med, at familien ikke mere er i stand til at reproducere arbejdskraften, heller ikke psykisk. Den tømmes mere og mere for funktioner, samtidig med at kravene til især psykisk reproduktion bliver større og større, og det er efterhånden blevet en alvorlig trussel for selve familiens eksistens.

Daginstitutionerne

Når så mange som 300.000 kvinder kommer i arbejde i løbet af 60'erne, og når det i høj grad var gifte kvinder, er det nødvendigt med en hurtig udbygning af daginstitutionerne. Og når der, som nu, sker kraftige nedskæringer på dette område, er det et direkte angreb på kvindernes ret til arbejde og et alvorligt tilbageskridt for ligestillingen mellem kønnene. Vi har ved hjælp af PP II forsøgt at finde ud af, hvordan udviklingen kan tænkes at blive på daginstitutionsområdet. PP II, som er et led i den socialdemokratiske strukturpolitik og et forsøg på at skue ind i fremtiden, har lavet et regnestykke, hvoraf det fremgår, at det godt kan betale sig for staten at oprette en børnehaveplads, hvis det betyder en kvinde mere i arbejde, men derimod kan det ikke svare sig at oprette en vuggestueplads. I regnestykket er medtaget alle udgifter, til byggeri, personale osv., og på den anden side er det naturligvis forudsat, at kvinden kan finde noget arbejde. Det billigste er dagpleje, for der sparer man både byggeri og uddannelse, så selv om dagplejeordningen først startede i 66, var der allerede i 72 flere dagplejepladser end vuggestuepladser. Den følgende oversigt viser væksten i daginstitutionspladser fra 63 til 73, samt hvor meget stigning der er i procent. Til sidst procenter for hvor mange børn i alderen 0-6 år, som har kunnet få en daginstitutionsplads. Oversigten er lavet på grundlag af statistisk årbog og tiårsoversigten.

	63/64	65/66	67/68	69/70	71/72	72/73
Pladser ialt	35946	38787	45761	62699	88052	103963
Vuggestuepl.	4617	4690	5518	8196	11254	13037
Børnehavepl.	31329	34197	39491	50538	65864	76200
Dagplejepl.			752	3965	10934	14726
Stigningstakt		8%	18%	38%	40%	18%
Dækningsprocent . .	7%	7%	8%	11%	16%	20%

Når dækningsprocenten stadig stiger, også i 72/73, selv om stigningsprocenten bliver mindre, skyldes det, at børnetallet falder på grund af p-pillen, mest i 70/71 med 17.000 færre i gruppen 0–6 årige.

Når der nu skæres så meget ned på pædagoger, børnetilskud osv. kunne man måske tro, at familieudgifterne havde været en tyngende og voksende andel af de sociale udgifter. De har tværtimod hele vejen gennem 60'erne ligget fast på 15–16% af socialudgifterne, og det kan vel ikke siges at være meget, i betragtning af, at 300.000 kvinder er kommet i arbejde. Familieudgifterne består af: børnetilskud, daginstitutioner, husmoderafløsning, boligsikring til familier med børn, mødrehjælp, barselshjælp, sundhedsplejersker. Det er svært at se nogen anden mening med at ramme disse familieudgifter så hårdt, end at tvinge kvinderne bort fra arbejdsmarkedet, eller tvinge dem til deltidsarbejde. Det sidste kunne PP II i hvert fald forestille sig som en løsning, der slog en masse fluer med et smæk. Den er endda skrevet før nogen borgerlige økonomer kunne forudse krisen og arbejdsløsheden.

Den fastslår, at videnskaben har bevist, at børn ikke har godt af at være mere end tre timer i en institution. (Efter nedskæringerne af personalet kan det sikkert bevises, at de ikke har godt af at være der overhovedet!). Det kan så kombineres med behovet for besparelser, således at institutionerne udnyttes bedre ved at børnene fordeles over hele dagen. De forestiller sig et modulsystem, bestående af 3-timers moduler, hvor ét modul kunne være temmelig billigt i forældrebetaling, og 2 eller 3 moduler skulle så være dyrt, og det ville så motivere kvinderne for at tage deltidsarbejde: (mine understregninger)

> En forøgelse i antallet af deltidsjob ville udgøre et andet vigtigt bidrag til *modernisering* af familiemønstret uden at arbejdsbyrden bliver for stor og uden at der mistes for meget af kontakten mellem forældre og børn. Det offentlige kan imidlertid kun indirekte påvirke arbejdsbetingelserne i den private sektor. Ved at forskyde omsorgstilbudet fra heldags- til modul- eller halvdagspladser ville man dog reelt kunne fremtvinge en tilpasning på arbejdsmarkedet

> *i en tid med fuld beskæftigelse*. (..) For børn uden særlige sociale behov kunne det overvejes at opkræve en væsentlig højere betaling for det tredje modul end de første to. Dette må naturligvis ikke drives så vidt, at forældrene fristes til at lade børnene gå som nøglebørn. På den anden side kan det diskuteres om man bør tilskynde mødre, der ønsker at være helt eller delvis hjemmearbejdende, med store offentlige tilskud ved overgang til fuldt erhvervsarbejde.

Den sidste sætning er nok ikke til at gennemskue umiddelbart, men der står, at når børnehaver er så billige som de er nu (!), så tvinger man kvinder til at sætte børnene i børnehave og tage udearbejde, selv om de egentlig hellere ville gå hjemme! De kører videre på den linje, ved at idealisere mor-barn-forholdet:

> Det er almindeligt anerkendt, at barnets omgivelser og den nære tilknytning til moderen i det første leveår er særlig afgørende for barnets udvikling – og ofte også for moderens glæde og tryghed. Man kunne derfor overveje at koncentrere børnetilskuddene i den første tid efter fødslen og til gengæld kræve væsentlig højere betaling for offentlig omsorg i det første leveår.

Men endnu billigere er jo dagpleje, så PP II taler om de mange dyre parcelhuse, der står tomme, og om "adopterede bedstemødre".

Hvis man kunne tvinge kvinderne til *deltidsarbejde* på disse måder, ville mændenes arbejdsløshed straks blive mindre, det er klart. Og mange kvinder, som er ved at gå til i dobbeltarbejde, ville gerne på deltid. Men problemet er, at de ikke har råd til det, specielt ikke de enlige. Desuden er industriarbejde sjældent deltids, og da slet ikke i en arbejdsløshedssituation. Fagforeningerne har aldrig været glade for deltid, for når man kun arbejder halvdelen af dagen, kan man holde et hårdere tempo og dermed presse akkorden op også for de heltidsarbejdende. Deltidsansatte er løsere knyttet til arbejdspladsen end dem, der skal være der 8 timer. De har lettere ved at finde sig i dårlige arbejdsforhold, er ikke så interesserede i at kæmpe for forbedringer, og tit er de ikke engang organiserede, fordi fagforeningskontingentet synes ret stort i forhold til en halvtidsløn. Endelig er der mange arbejdsløshedskasser, der slet ikke forsikrer deltidsarbejdende.

Noget helt andet er, at en nedsættelse af arbejdstiden, f.eks. til 6 timer for alle, *uden* lønnedgang, ville løse mange problemer og skaffe mange i arbejde.

KAPITEL II. KVINDEARBEJDETS UDVIKLING.

Den generelle udvikling i kvindearbejdet fra 1950 til 1970

Vi vil i dette kapitel fortsætte historien om, hvordan DK bliver et moderne industriland ved at se på beskæftigelsesudviklingen. Det dominerende er en stor stigning i antallet af lønarbejdere, og et fald i antal selvstændige.

Vi vil her specielt se på kvinderne som lønarbejdere. Først hvordan de kvindelige funktionærer udgør bunden i "funktionærhierarkiet" med den dårligste løn og de dårligste arbejdsvilkår. Og dernæst nærmere se på ændringer i kvindeindustriarbejdet. De traditionelle kvindebrancher har en aftagende betydning som kvindearbejde, men samtidig er sket en stor tilgang af kvinder til det typiske mandeområde – jernet. Kvinderne udfører dog stadig typisk kvindearbejde – blot i andre sektorer end hidtil.

Disse ændringer behandles mere i kap. 5, her følges de op med en beskrivelse af de generelle konsekvenser for arbejderklassen, som den teknologiske udvikling har. Der er tale om, at kravene til arbejderne ændres, og sammen med en yderligere specialisering i produktionen betyder det en opsplitning af arbejderne. Denne tendens – splittelse – udnyttes på flere måder af arbejdsgiverne og betyder ændrede kampbetingelser for arbejderklassen.

60'ernes højkonjunktur viste sig beskæftigelsesmæssigt ved en stigning i antal lønarbejdere på godt 300.000 ialt og et fald i antal selvstændige på knap 90.000. Der var således flere, der ejede en virksomhed eller en butik i 1960 end i 1970, dvs. de små kan ikke klare sig. Denne udvikling sker såvel inden for landbrug og detailhandel, som inden for industrien. Der er tale om en koncentration af kapitalen på færre hænder.

	1960	*1965*	*1970*
selvstændige	429.000	404.000	341.600
lønarbejdere	1.525.000	1.607.500	1.848.500

Kilde: Statistisk Tiårsoversigt 1975, s. 14.

I lønarbejderstigningen udgør arbejderne kun knap en femtedel, hvorimod resten – over 80% – udgøres af funktionærerne. Denne store stigning blandt funktionærerne hænger dels sammen med opsvulmen i den offentlige sektor, og dels med kravet om teknikere til industrien i og med at hastigheden i den tekniske udvikling øges.

Denne udvikling gælder helt tydeligt også for kvindearbejdsstyrken. Således er antal lønarbejdere steget med over 200.000 for kvinderne, dvs. kvinderne udgør 70% af alle nye lønarbejdere. De omkring 10% af alle selvstændige, der er kvinder, er også blevet reduceret, nemlig med 25% til 11.000.

Kvindearbejdets udvikling fra 1950

Lad os kort se på udviklingen i kvindernes beskæftigelsesgrad, hvor alle beskæftigede kvinder medtages, dvs. udover selvstændige, funktionærer og arbejdere også medhjælpende hustruer og husassistenter. Denne gruppe er, hvad der i statistikken kaldes kvinder i erhverv.

Den i kap. I beskrevne økonomiske stagnationsperiode fra nogle år efter krigen til hen i slutningen af 50'erne, viser sig i statistikken som færre antal kvinder i erhverv i 1955 end i 1950. Men samtidig sker der en omstrukturering inden for kvindearbejdet, erhvervet husassistenter halveres f.eks. i løbet af 50'erne. Og ligesom mændene vandrer kvinderne også fra landbruget. I løbet af 50'erne er der tale om en tilgang af kvinder til liberale erhverv. Alt ialt betyder opsvinget i slutningen af 50'erne, at lige så mange kvinder har udearbejde i 1960 som i 1950, men altså med et dyk i perioden.

Kategorien "kvinder i erhverv" forøges derimod med ikke mindre end 50% i løbet af 60'erne. Udviklingen kan illustreres således:

Kvinder i erhverv (1000)

1950	(15 år)	680
1955	(do)	596
1960	(14–69 år)	638
1965	(do)	756
1967	(14–74 år)	861
1969	(do)	893
1970	(do)	918
1971	(do)	942
1972	(do)	955
1973	(do)	992
1974	(do)	1015

Kilde: Kvindearbejde 1950–71, s. 21 + Statistisk Årbog 1975, s. 39.

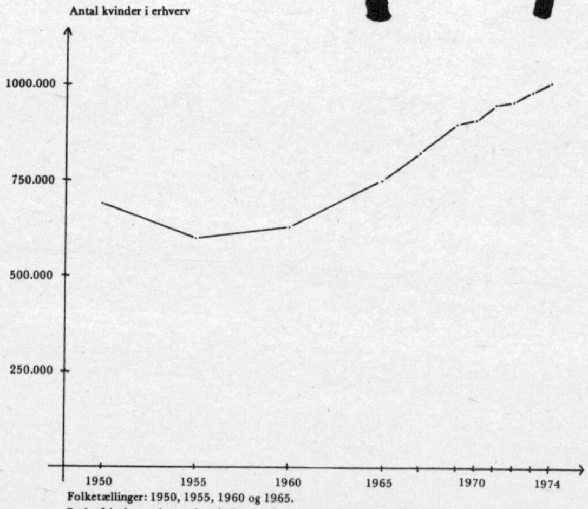

Folketællinger: 1950, 1955, 1960 og 1965.
Beskæftigelsesundersøgelser (stikprøver): resten (1967 til 1974).

Den største absolutte årlige tilgang af kvinder sker i årene 1965–67, som netop betegner højdepunktet mellem de to recessioner i 63 og 68. Det er netop i de år, at staten bevidst forsøger at drage kvinder i udearbejde, dels ved at udbygge dagsinstitutionerne og dagplejeinstitutionen i 1966, og dels ved at sætte forskningsprojekter i gang under Socialforskningsinstituttet for at undersøge, hvordan de gifte kvinder kan "lokkes" i arbejde.

Det øgede behov for arbejdskraft i højkonjunkturen er især blevet dækket ved inddragelse af kvinderne som lønarbejdere. Naturligt nok har kvinderne i hjemmet været en reserve, som under de rette betingelser (offentlig børnepasning) har kunnet udfylde dette efterspørgselspres under den "fulde" beskæftigelse. De gifte kvinders erhvervshyppighed er da også steget fra 23% i 1960, til 50% i 1970 og 53% i 1972, dvs. at over halvdelen af de gifte kvinder har erhvervsarbejde.

Denne udvidelse af de gifte kvinders lønarbejde er medvirkende til at kvinderne i dag må betragtes som en fast bestanddel af arbejdsstyrken. Dette gælder ikke kun for de gifte kvinder:

Der er fra 1955 til 1974 tale om en fordobling af antal beskæftigede kvinder, ca. 500.000 flere kvinder påtager sig udearbejde. Kvinderne udgør i 1974 40,9% af hele arbejdsstyrken, dvs. 4 ud af hver 10 beskæftigede er kvinder. Det betyder en generel ændret samfundsmæssig placering for kvinderne, deres betydning i den samfundsmæssige produktion er steget meget, deres hjemmearbejde har ændret sig. Kvindernes fastere placering i arbejdsstyrken afspejler sig bl.a. i en stigende organisationsprocent for kvinder, idag 55% mod 52% i 1970. (Beregnet ud fra antal organiserede kvinder i LO (÷ HK) i forhold til det faktiske antal arbejderkvinder samt husassistenter de to år). Og ligeledes et stigende antal kvindekampe både i og uden for produktionen.

Der er dog stadig en tendens til at kvinderne rammes i større omfang end mænd i økonomiske lavkonjunkturer. Men det betyder *ikke*, at der er tale om et enten/eller mht. kvindearbejde. Ser vi alene på industrien er kvinderne her en fast bestanddel af industriarbejderne på ca. 30%, og har været det siden krigen. Ikke lige præcis 30%, men med så små udsving, at man gennem hele perioden må tale om kvinderne som en fast bestanddel af industriens arbejdere.

Vi vil herefter se nærmere på karakteren af kvindearbejdet. Som nævnt er antallet af kvindelige lønarbejdere (funktionærer og arbejdere) steget med over 200.000 fra 1960 til 1970. Fordelingen mellem funktionærer og arbejdere ser sådan ud:

Antal kvindelige lønarbejdere:

	1960	*1965*	*1970*
lønarbejdere	479.428	588.212	698.107
heraf funktionærer	253.408	335.751	418.225
heraf fagl. arbejdere	18.276	17.493	12.075
heraf ufagl. arbejdere	207.744	234.968	267.807

Kilde: Statistisk Tiårsoversigt 1973.

For kvinderne gælder således den generelle tendens, at antal funktionærer er steget meget mere (med godt 50%) end antal arbejdere (med kun 25%).

De kvindelige funktionærer

Fra 1960 til 1970 udgør kvinderne 60% af stigningen i antallet af funktionærer. Generelt siger dette noget om den stigende betydning, kvindearbejdet har, men i øvrigt er kategorien funktionærer ikke særlig præcis. Den rummer den bredeste kategori af lønarbejdere, lige fra ekspeditricen hos Magasin til professoren på universitetet, samt arbejderen ansat på funktionærvilkår.

Det mest almindelige er imidlertid, at de kvindelige funktionærer enten arbejder i handel og omsætning (også kaldet cirkulationen), som ekspeditricer eller kontordamer, eller i den offentlige sektor, enten som pædagoger (incl. lærere), socialarbejdere eller som kontordamer.

Inden for begge grupper gælder det, at funktionærlønarbejderne er priviligerede i forhold til arbejderne i industrien, det gælder arbejdsmæssigt, lønmæssigt og mht. "tryghed i ansættelsen". Forholdene er dog ikke helt så simple, den generelle intensivering af arbejdsprocesserne, som vi har set igennem både 50'erne og 60'erne, har også ændret funktionærernes arbejdsforhold.

Traditionelt var funktionærernes arbejde varieret og præget af personlig tilrettelæggelse og indeholdt tillige muligheder for social opstigning. *Idag* er billedet de store kontorlandskaber, styret fra centralt hold og med mange maskiner (f.eks. EDB, hulle- og kopieringsmaskiner) til udførelse af arbejdet. Arbejdet er delt op i mindre enheder og arbejdskraften specialiseret derefter. Således er der også nogen dele af arbejdsprocesserne, som kan karakteriseres som *kvindearbejde.* Også de kvindelige funktionærer har altså lavtlønnet, monotont og dårligere arbejde end de mandlige. Dette fremgår også af Betænkning 715 (s. 49) fra Kvindekommissionen:

"Det mest almindelige er imidlertid, at kvinder og mænd udfører forskellige arbejdsopgaver, har forskellige stillingsbetegnelser og får forskellig løn – mændenes højere end kvindernes. Undertiden er fordelingen sådan, at de ufaglærte arbejdere er kvinder, de faglærte samt formændene og værkførerne er mænd, eller som for EDB-personalets vedkommende, at kvinderne næsten udelukkende er beskæftiget som hulledamer, men mændene er operatører, der betjener maskinerne eller arbejder ved programmering, planlægning og ledelsesfunktioner".

Det er således typisk at se kvinder sidde og skrive på maskine med en diktafon i ørerne hele dagen. Og inden for handel at se kvinder betjene kasseapparat alle dagens 8 (eller flere) arbejdstimer.

Disse ændringer af arbejdet sker både i den private sektor (butikker, banker, forsikringsselskaber osv.) og i den offentlige. Som helhed er disse sektorer uden for den egentlige produktion præget af rationaliseringer, maskinanvendelse, opsplitning af arbejdet og tempoopskruning på linie med den i industrien. Og idag er det også så som så med "trygheden i ansættelsen". Det betyder en proletarisering af arbejdskraften her, idet arbejdets karakter og ændringerne heri tilnærmer sig de forhold som gælder for industriarbejderne. Vi vil nu kort skitsere kvindearbejdet i den offentlige sektor og i cirkulationen.

Kvindearbejdet i den offentlige sektor

Den største udvidelse af kvindearbejdet i perioden er foregået i den offentlige sektor. Den forhåndværende statistik fortæller os ikke præcis, hvor mange det drejer sig om. Men de følgende nævnte grupper af lønarbejdere er de mest betydningsfulde i den offentlige sektor.

Kvinder i den offentlige sektor:	*1960*	*1965*	*1970*	*heraf deltids i 1970*
off. administration	19.204	25.151	34.753	–
underv./kirke/biblio.. . . .	32.444	46.857	68.293	2.418
hospital/sanatorium	39.845	52.072	70.678	43
sociale institution	22.922	35.075	68.394	240
	114.415	159.155	242.118	2.701 = 11%

Kilde: Statistisk Årbog 1963/64 og 1973 og 1974.

I 1960 udgjorde disse 4 grupper 45% af alle kvindelige funktionærer, i 1970 60%. Der er således både tale om en fordobling af antal kvinder her, men også en øget betydning af dette arbejde som kvindearbejde. Det gælder imidlertid ikke kun for kvinder, men generelt, at den offentlige sektor har været den største opsuger af arbejdskraft.

Årsagen til det er dels nødvendigheden af en stigende styring af den udviklede kapitalisme, dels et voksende behov for reparation og reproduktion af arbejdskraften – behov, som familien ikke længere alene kan varetage. Dette giver samtidig et skær af lighed på overfladen af det borgerlige samfund.

Antallet af kvinder ansat i daginstitutioner er tredoblet. Forøgelsen af antallet af daginstitutioner giver både mulighed for en mere hensigtsmæssig socialisering (opdragelse) i forhold til den tekniske udvikling, og frigør kvinderne fra opdragelsen i familien, så de "frit" kan vælge udearbejde.

Netop socialisering og restituering af arbejdskraften offentligt er det typiske kvindearbejde i den offentlige sektor, således også en fordobling af antal kvinder både i undervisningen og på hospitalerne.

Kvindernes arbejdsområder i den offentlige sektor ligger altså i direkte forlængelse af deres arbejde i hjemmet, hvilket på en gang bunder i og har til følge, at arbejdsgiverne kan profitere ekstra af de specielle kvalifikationer, kvinderne har tilegnet sig i hjemmet.

Det karakteristiske er, at kvinderne udgør bunden i hierarkierne inden for de enkelte områder. De er lærere, ikke inspektører, sygeplejersker, ikke læger, kontordamer, ikke administrationschefer osv.

Det betyder, at kvinderne har de dårligste arbejdsforhold og får de dårligste lønninger. Det medfører også, at det primært er deres arbejdsområder, der rationaliseres. Den økonomiske nødvendighed af at nedskære nu i krisen via fyringer er også udtalt inden for det offentlige.

I "gamle dage" var det noget af en livsforsikring at være ansat ved staten, men det er det ikke længere. Her kan folketinget gennem sine budgetter afskedige 5.000 funktionærer i daginstitutionerne på en gang. Et eksempel på rationalisering i stor målestok er bistandsloven, hvor staten ved sammenlægning af før selvstændige enheder (Mødrehjælp, revalidering osv.) opnår en administrativ "gevinst".

Et yderligere eksempel er den intensivering af rengøringsarbejdet, der for tiden foregår i stat og kommune på linje med rationaliseringerne i de private selskaber.

Disse ændringer i arbejdet kan ikke undgå at påvirke funktionærernes modstandsvilje. Dette kommer bl.a. til udtryk i, at man forsvarer sig mod forringelser i arbejdsforholdene. Vi har set daginstitutionspersonalet strejke og aktionere i kamp mod statsmagtens lovgivning, som forringer deres muligheder for at udføre deres arbejde, og dermed skader børnene. Ligeledes har andre offentligt ansatte strejket mod rationaliseringer og dårlige lønforhold, f.eks. postarbejderne og HT-chaufførerne.

Kvindearbejdet i cirkulationen

Det andet karakteristiske kvindeområde for funktionærer er i handel og omsætning. I 1970 arbejdede godt 157.000 kvinder her, dvs. næsten 40% af alle kvindelige funktionærer. 60'ernes stigende efterspørgsel efter arbejdskraft viser sig også her, hvor de beskæftigedes antal stiger med hen mod 50.000. Kvinderne udgør 85%. Denne stigning er nødvendiggjort af den stigende varemængde og den hastigere fornyelse af produktionsapparatet. Det indebærer nemlig også en hurtig realisering af lagrene, så pengene straks kan komme tilbage til den egentlige produktion.

Men det har ikke betydet en ligestilling af mands- og kvindearbejde, snarere tværtimod, som citatet fra Kvindekommissionens betænkning viste.

Et udtryk for tendensen til dekvalificering af funktionærarbejdet er stagnationen i lønnen indenfor HK-området. Dette var afgørende for at 40 funktionærer strejkede på Frederikshavn Værft (HK-bladet okt. 75), de krævede samme løn som de ufaglærte. Det lykkedes 11 strejkende hulledamer hos Salling i Århus at få deres to afskedigede kolleger genansat. Samme år (1975) strejkede 73 funktionærer hos Føtex i Kolding p.g.a. afskedigelse af 2 ekspeditricer og for at få et samarbejdsudvalg. HK opgør februar 76 antallet af ledige til at være 12.000. Denne usikkerhed i ansættelsen har betydet en større tilgang af medlemmer til HK.

De kvindelige arbejdere

Vi nævnte tidligere i kapitlet, at arbejderkvindernes antal er steget med 25% fra 1960 til 1970, nemlig fra 226.000 til 280.000. Denne stigning består udelukkende af ufaglærte, hvorimod antal faglærte er faldet. Procentvis er de faglærte også faldet fra at udgøre 10% af arbejderkvinderne til kun at udgøre 5%.

I 1970 var der altså 280.000 kvinder, som er arbejdere, hvoraf 12.000 er faglærte og 268.000 er ufaglærte.

Hvad laver de *faglærte?* 5.900 faglærte kvinder er frisører, som er et udpræget kvindefag, idet over 80% af alle frisører er kvinder. De resterende er spredt ud over de forskellige faggrupper, hvoraf 4 dog dominerer. Det er:

ca. 800 fotografer
ca. 800 tandteknikere
ca. 600 malere
ca. 600 skotøjsarbejdere

Således arbejder de faglærte kvinder snarere udenfor industrien end i industrien.

Hvad laver de *ufaglærte?*

89.000 er rengørings-/køkkenpersonale
84.000 er fabriksarbejdere
26.000 syersker, handskesyersker
20.000 husmoderafløser, dagplejemor
8.000 vaskeriarbejdere, strygerske
8.000 husassistent, der ikke bor på arbejdsstedet.

Dette er statistikkens betegnelser for de største grupper af ufaglærte kvinder. Tallene viser, at godt en trediedel af alle arbejderkvinderne (fabriksarbejdere, en del af syerskerne og nogle faglærte grupper) arbejder direkte i industrien. Resten af kapitlet drejer sig primært om kvindearbejdet der. De beskrevne ændringer af kvindearbejdets karakter gælder dog også for andre grupper. F.eks.:

De 89.000 kvinder i rengøringssektoren mærker dagligt ændringer i deres arbejde, som kapitaliseres. Tidligere var de enkelte kvinder ansat, hvor de gjorde rent. Idag er det mere og mere almindeligt, at en kapital som DDRS ansætter kvinderne og så sælger deres arbejdskraft videre til virksomheder, kommunen eller andre steder. Det betyder, at rengøringsarbejdet bliver rationaliseret og tempoet skruet op, for at de private virksomheder kan få stadig større profit. For kvinderne betyder det hurtigere nedslidning og stigende utilfredshed, bl.a. over at de ikke har mulighed for at gøre arbejdet ordentligt.

Kvindearbejdet i industrien.

Gennemindustrialiseringen af Danmark har betydet en stigning i antallet af arbejdere, der producerer varer. Ialt har hele *ekspansionsperioden* fra 1956 til 1973 betydet 83.500 flere industriarbejdere, *hvoraf 32,5% var kvinder.* Opsvinget omkring 1960 betød 50.000 flere arbejdere i løbet af nogle få år, hvorved antallet af arbejdere oversteg 300.000. Kvindeandelen af arbejderne har igennem hele perioden svinget mellem knap 29% og godt 30%. Maksimum blev nået i juni 1973 med 327.500 arbejdere, hvoraf 97.600 var kvinder.

Men da vender højkonjunkturen til *økonomisk krise*, og det er nu de arbejdsløses antal, der stiger. Antallet af beskæftigede falder derimod i løbet af 2 år til at være det samme som i 1958–59. Seneste opgørelse (nov. 1975) viser et foreløbigt minimum med 266.500 arbejdere, hvoraf 72.000 er kvinder. *Kvinderne udgør således 42,7% af de afskedigede industriarbejdere*. Dermed udgør de kun 27% af industriarbejderne mod over 30% i højkonjunkturen. Dette tyder på, at kvinderne rammes hårdere end mændene i krisen, og at de fungerer som arbejdskraftsreserve.

Denne tendens bekræftes både, når vi ser på A-kassernes ledighedsprocent for mænd og kvinder, og når vi ser ledigheden inden for jernet fordelt på køn.

Den gennemsnitlige *arbejdsløshed for 1974* var 5,2%; 5,1% for mænd og 5,9% for kvinder.

I alle de A-kasser inden for industrien, som domineres af kvinder, var ledighedsprocenten større. Af disse var beklædningsarbejdernes størst med 14% og KAF lavest med 6,9% arbejdsløse. Således er der en klar tendens til at de traditionelle kvindefagforeninger har størst ledighed, dvs. kvinderne i de traditionelle kvindebrancher rammes hårdest i krisen.

Jernets ledighed fordelt på køn viser tendens til, at kvinderne også i blandede industrier er mere udsat for ledighed end mændene. I 1974 er 7,2% kvinder i jernet arbejdsløse mod 3,4% af mændene.

Følgende graf viser *jernets arbejdsløshedsprocent for kvinder og mænd siden 1950:*

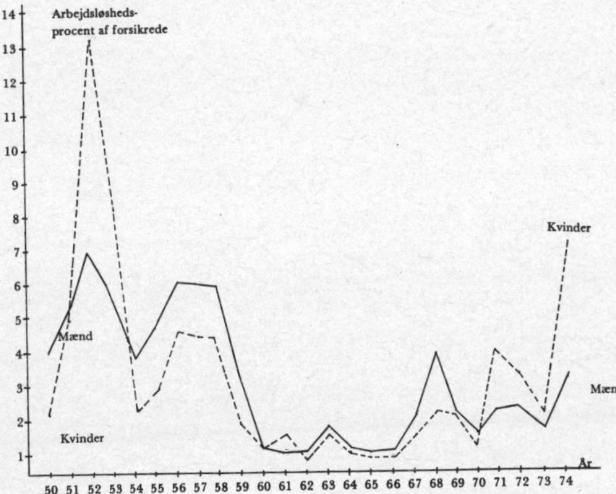

Grafen viser, at kvindernes større arbejdsløshedsprocent end mændenes begynder allerede i 1971. (Ligeledes ses, at de generelle bevægelser for kvinderne som arbejdskraftsreserve gælder i jernet. Således er kvindernes arbejdsløshed større end mændenes i stagnationsperioden i begyndelsen af 50'erne. Hvorimod i højkonjunkturen, hvor al arbejdskraft overhovedet inddrages, følger kvindernes procent mændenes.

Udover disse tendenser mht. kvindernes reservefunktion peger grafen på det økonomiske opsving 1958–59 og højkonjunkturens små recessioner eller tilbageslag 1963, 1968 og 1971.

Kvindearbejdets fordeling på brancher

Ekspansionsperioden i dansk industri har ikke kun betydet en generel udvidelse af industriarbejdet. Der er også sket forskydninger i de enkelte branchers betydning for dansk industri, og ændringer i selve produktionsprocessen. Generelt kan man sige, at de arbejdsintensive brancher har vist sig at være de mindst konkurrencedygtige, hvilket selvfølgelig også har betydning for kvindernes placering i industrien.

Tre fjerdedele af de kvindelige industriarbejdere er alene placerede i 4 af industriens 10 brancher. Det drejer sig om de to brancher tekstil og fodtøj/beklædning, som beskæftiger 30% af alle kvindelige industriarbejdere i 1970, samt nærings- og nydelsesmiddelindustrien med 23% og jern- og metalindustrien med 21% (også 1970).

Vi vil her nøjes med at se på ændringerne mellem brancherne, ved at sammenholde kvindearbejdets fordeling på de 4 brancher i 1955 og i 1970:

Antal kvinder i de 4 brancher samt branchens andel af alt kvindeindustriarbejde:

	1955		*1970*	
jernet	10.300	14,7%	20.400	21,3%
næringsm.	14.700	21,0%	22.200	23,2%
tekstil	12.200	17,4%	10.500	11,0%
beklædn.	17.500	25,0%	18.700	19,5%
		78,1%		75,0%

For tekstil og beklædning ses et fald i betydning fra at omfatte 42,4% af kvindeindustriarbejdet til kun at omfatte 30,5%. Til gengæld er kvindernes antal indenfor jernet fordoblet. 21% af alle arbejderkvinder arbejder således i det traditionelle mandsområde – jernet. Ser vi på arbejdskraftens sammensætning indenfor de enkelte brancher, viser det sig, at i tekstil- og beklædning er arbejdskraften overvejende kvinder, 66% i tekstil og 85% i beklædning. I nærings- og nydelsesmiddelindustrien er godt 40% af industriarbejderne kvinder, og indenfor jernet er andelen 22% i 1970. Dermed har fordelingen af arbejdskraften mellem brancher også været en fordeling på køn, hvor nogle brancher var kvindebrancher og andre mandebrancher. Men ændringen i den danske industris sammensætning betyder en tendens bort fra rene "kønsbrancher". Dette understreges yderligere, hvis man ser på tendenserne i stigningen af antal arbejdere indenfor jern- og metalindustrien:

Stigning i antal arbejdere i jernet.

1955 til 1960: 20.900, heraf 6.100 kvinder = 30%
1960 til 1965: 2.000, heraf 700 kvinder = 35%
1965 til 1970: 4.400, heraf 3.200 kvinder = 73%

I den sidste 5-års periode har tilgangen til jernet således været domineret af kvinder, selv om kun en femtedel af arbejderne her er kvinder.

Dette er ikke en isoleret udvikling af kvindearbejdet, men afspejler de generelle brancheændringer. Når de traditionelle kvindeindustrier mister deres betydning som kvindearbejdspladser, er det fordi disse brancher bukker under i konkurrencen. Når på den anden side jernet får en stigende betydning, skyldes det, at nogle brancher under jernet ekspanderer og kan udnytte kvindernes kvalifikationer.

Ændringer i kvindearbejdets karakter

Vi vil her karakterisere ændringer i selve kvindearbejdet og dermed de kvalifikationskrav, der stilles til kvinderne, ved at sammenholde det traditionelle kvindearbejde i beklædning med den ny form for kvindearbejde, som findes i elektronikbranchen. Elektronikindustrien er netop en branche indenfor jernet, der har ekspanderet kraftigt i perioden, og som har kunnet udnytte kvindernes kvalifikationer.

Udfra den officielle statistik er det svært præcist at afgrænse branchen beskæftigelsesmæssigt, idet brancheforeningen går på tværs af Danmarks Statistiks brancheinddeling. Sidstnævnte opererer indtil 1971 med "elektromekanisk industri" og herunder "radio og TV-produktion". Elektronikindustrien ligger størrelsesmæssigt et sted imellem, nærmere elektro end kun radio og TV.

Antal kvinder og deres andel af alle arbejdere i elektroindustrien, i radio og TV, samt i jernet.

	elektro		*radio–tv*		*jernet i alt*	
	i alt	%	i alt	%	i alt	%
1955	4.800	44	1.800	48	10.400	16
1960	8.900	50	4.251	59	16.500	19
1965	8.800	48	3.117	59	18.000	19
1970	11.849	50	3.838	52	20.400	21

7.000 af tilgangen på 10.000 kvinder fra 1955–70 til jernet er således samlet gået til elektroindustrien, og her udgør de halvdelen af de beskæftigede arbejdere. Kønsopdelingen i arbejdet eksisterer altså også indenfor forskellige sektorer i samme branche. Og ser man nærmere på produktionsprocessen i elektronikindustrien, viser det sig, at kønsopdelingen også består på forskellige afdelinger indenfor samme sektor. Kvinderne er her primært beskæftigede ved montagearbejde. Det er for størstedelens vedkommende loddearbejde og samlearbejde, og kravene til dem er især hurtighed, fingerfærdighed, akkuratesse og accept af monotonien.

I *de traditionelle kvindebrancher* er kvindearbejdet det industriarbejde, som i sin produktform lå i forlængelse af kvindearbejdet i familien. Kvinderne har i hjemmet lært at sy tøj, hvilket er en af grundene til, at de udnyttes i beklædningsbranchen. (Selv om der er pokker til forskel på at sy en kjole hjemme og en ærmesøm på fabrik!) Det at betragte kvindernes kvalifikationer, som om de *ikke* er kvalifikationer, men blot medfødte egenskaber, har medført, at kvinder fastlåses i det dårligst lønnede arbejde.

I *den ny form for kvindearbejde,* som f.eks. i elektronikindustrien, er noget arbejde stadigt kvindearbejde. Kvinderne er ikke her den dominerende andel af arbejderne i det hele taget, men dominerer i visse dele af produktionsprocessen. Kvinderne er "pr. definition" fingernemme og akkurate og derfor velegnede til dette monotone pillearbejde med små elementer. Man kan således sige, at det indenfor elektronikken er de samme håndværksmæssige kvalifikationer hos kvinderne, der udnyttes (men ikke betales som kvalifikationer) som i de traditionelle kvindeindustrier.

Fordelen ved denne cementering af bestemt industriarbejde som værende kvindearbejde er udelukkende arbejdsgivernes, idet det har muliggjort en cementering af den lave kvindeløn, og dermed den specifikke udbytning af kvinderne indenfor industrien.

Sammenfattende har brancheforskydninger i kvindearbejdet bort

Kvindearbejde . . . . stadig kvindearbejde

fra kønsspecifikke brancher til blandede brancher betydet en fastholdelse af arbejdsdelingen mellem kønnene. Den dominerende form for kvindearbejde i elektronikindustrien er manuel montage, hvorimod mændene i større omfang udfører overvågnings- og kontrolarbejde, eller decideret faglært arbejde som teknikere.

Splittelse af arbejderklassen

Kvindearbejdets udvikling viser hen til nogle tendenser til ændringer i arbejderklassens sammensætning i det hele taget. Som en følge af strukturændringerne i industrien stilles der nu nye krav til arbejderne, krav, som både har med kvalifikationer og "holdning" at gøre.

Arbejderuddannelser

Efterhånden som rationaliseringerne slog igennem, betød det en stærkt ændret arbejdsproces for de enkelte arbejdere. Arbejdet blev opdelt i en række små deloperationer, og der foregik en hård specialisering. Det medførte ændringer i kvalifikationsstrukturen og en løsnelse af den faste opdeling mellem faglærte og ufaglærte. I 1957 blev der nedsat et udvalg, og i 60 blev loven om specialarbejderskolerne vedtaget. De ultrakorte uddannelser på 3 uger skal sikre, at der til enhver tid er specialoplært arbejdskraft til rådighed til nye, ændrede produktioner, for arbejderne må være villige til hele tiden at lade sig omskole, og dernæst selvfølgelig også være villige til at flytte sig derhen hvor arbejdet er.

Mesterlæren bliver op gennem 60'erne stadig kraftigere kritiseret af lærlingene selv, især har Faglig Ungdom i Odense gjort et stort arbejde for at kritisere forholdene og hjælpe lærlinge, som blev udnyttet. Samtidig blev det mere og mere vanskeligt at få en bred lærlingeuddannelse, på grund af specialiseringen på lærestederne, og arbejdsgiverne ville ofte foretrække at ansætte en billig specialarbejder fremfor en dyr faglært. Så i 67 nedsættes der et udvalg, som skal finde på en ny faglig uddannelse. I udvalgets betænkning om EFG 1971 kritiseres mesterlæren for, at erhvervsvalget sker for tidligt og for tilfældigt, eftersom det helt afgøres af de lokale muligheder, samt at uddannelsen er for fagligt specialiseret. Det følgende citat fra udvalgets betænkning viser, at netop tilpasning, mobilitet, omstilling er de nye krav til arbejdskraften og hovedmålsætningen for uddannelserne i 60'erne:

> Det må forventes, at arbejdsmarkedet i de kommende årtier vil gennemgå væsentlige ændringer, hvorfor en betydelig del af de unge, der i øjeblikket gennemgår en erhvervsmæssig grunduddannelse, vil komme til at tilbringe dele af deres voksne tilværelse med at udføre arbejdsprocesser, der ikke var medtaget i deres grunduddannelse. Eleverne må derfor have en forståelse for virksomhedernes samlede problematik for at kunne finde sig til rette i og acceptere de stadige ændringer, som vil finde sted.

DA og LO, der begge har været repræsenteret i udvalget, var dengang enige om en positiv holdning til EFG. Modstanden kom selvfølgelig dels fra de mindre virksomheder, som for manges vedkommende netop overlevede i kraft af den billige arbejdskraft, som lærlingene var. Men de faglærtes forbund var skeptiske angående uddannelsernes indhold. De mente, at der kunne være risiko for en for snæver og specialarbejderpræget faglig uddannelse. Det bekræftes af nogle udtalelser af Leif Hartwell, som i 71, da han var formand for DA, skriver en artikel i tidsskriftet "Uddannelse" om EFG. Han siger, at et af formålene er at nedbryde den nuværende fagopdeling og mindske afstanden mellem faglærte og ufaglærte. Han mener, at EFG vil fremme tilpasningen og mobiliteten, ikke blot i produktionen, men også i samfundet som helhed: (min fremhævelse)

> Fornyelsen i grunduddannelserne vil give de unge mulighed for at få bedre forståelse af, hvad der rører sig, ikke alene i virksomhederne, men også i samfundet, og det er vist nogenlunde indlysende, at vi ikke kan fortsætte *en rolig udvikling af samfundet* uden at det

store flertal uddannelsesmæssigt sættes i stand til at følge med, at vurdere og deltage i beslutningerne. Om man vil – deltage i en demokratisk udvikling. ("Uddannelse" nr. 7-8, 1971).

Hensigten med EFG er altså klar nok, det er at disciplinere og effektivisere arbejdskraften, samtidig med at omstillings- og tilpasningsevnen sikres. Men det lader sig kun gøre ved hjælp af mere og bedre uddannelse, og her ligger der store muligheder i EFG. Selve det, at eleverne er samlet på skoler gør, at de lettere kan stå sammen og stille fælles krav, f.eks. om ændringer i undervisningens indhold, og her er der nok især muligheder i de almene fag, som udgør 40% af undervisningen i basisåret, f.eks. samfundsfag. Det har i virkeligheden også vist sig vanskeligt at disciplinere EFG-eleverne, og det er nok en af grundene til, at de borgerlige nu vil tage lønnen fra eleverne i læretiden.

For kvinderne har EFG vist sig at være af meget stor betydning. Eleverne er ligeligt fordelt på køn, og det betyder en enorm procentvis vækst i antallet af kvindelige lærlinge, som før EFG's oprettelse var ved at nærme sig et nulpunkt.

Forholdet mellem uddannelserne og opsplitningen

Den gamle arbejdsdeling svarede til opdelingen i de tre faglige kategorier faglærte mænd (overvejende), ufaglærte mænd og kvinder. Det er udtryk for et arbejderhierarki, dvs. arbejderklassen er splittet, hver af de tre grupper har deres særinteresser i forhold til de andre. Hvis man er faglært, har man et mere interessant arbejde og får en højere løn, og ønsker at fastholde disse privilegier i forhold til resten af klassen.

Den teknologiske udvikling betyder ændringer i produktionsprocessen, der sker en yderligere opdeling af arbejdet, fremstillingen foregår i små specialiserede delprocesser. Dermed sker der også en yderligere opdeling af arbejderne. De tre traditionelle kategorier er ikke længere tidssvarende. Dette hænger sammen med at kvalifikationer hos arbejderne skal svare til de enkelte delprocesser, derfor foregår der idag mange forskellige grader af kvalificeringer fra korttidsoplæring i produktionen til efteruddannelse af faglærte. Det traditionelle hierarki er under opløsning og istedet fremkommer et *arbejderhierarki* med mange flere grupperinger.

faglærte mænd	efterudd. fagl. m.
	faglærte mænd
	specialudd. mænd
ufagl. mænd	tillærte mænd
	arbejdsmænd
	specialudd. kvinder
kvinder	længertidstillærte kvinder
	korttidstillærte kvinder
	oplærte kvinder
fremmedarb.	fremmedarbejdere

Denne yderligere opdeling af arbejderne understøttes på flere måder, så der opstår en reel splittelse af arbejderklassen. Dette sker ved at give de forskellige grupper forskel i arbejdsvilkår, lønformer og selve lønnen. Dette er en fordel for dem, der skummer fløden – snupper profitten – men virker hæmmende på udviklingen af de forskellige gruppers samlede – arbejderklassens – kamp mod udbytningen. I den daglige kamp for både arbejdsvilkår og løn betyder det en skærpelse og stigning i mængden af særinteresser i forhold til de andre arbejdere.

Opsplitningen fremmes også ved, at arbejdsgiverne 'forhandler' særskilt med de enkelte grupper, og at arbejderne både i deres forsvar for at bevare opnåede rettigheder og mod yderligere udbytning handler isoleret fra hinanden.

Der er da heller ikke mange eksempler på, at arbejderklassen kæmper samlet, men i denne sammenhæng bør nævnes *majstrejkerne* i 1974. Disse strejker var umiddelbart en protest mod venstreregeringens afgiftsbuketter. Da det var industriens arbejdere, der mandag d. 13. maj og torsdag d. 16. strejkede, henholdsvis over 100.000 og over 200.000 arbejdere, fortæller protesten også noget om sammenhængen mellem produktion og stat og om, at stemmesedlen ikke er eneste kanal til at påvirke regeringen. De forskellige regeringer, som forvalter statsmagten, handler ikke uafhængigt af produktionens behov, men netop i forlængelse heraf. Afgifterne skulle således modvirke en begyndende økonomisk stagnation – ved at mindske inflationen, men blev tillige dråben i bægeret med forringelser af arbejdernes levevilkår, der flød over i landsomfattende strejker og snak om generalstrejke.

Et andet udtryk for disse ændringer i arbejderklassens sammensætning er opbruddet i den traditionelle *faglige organisering*. Metals udmeldelse af CO kan ses som de faglærtes forsøg på at fastholde deres tidligere privilegier i forhold til SID og KAF. Karakteristisk er også, at der er uenighed om, hvor de specialuddannede 'hører hjemme'. Tendensen er, at de indrulleres blandt de faglærte, således er SID stagneret i medlemsantal (ca. 250.000) fra 1964 til 1974, hvor Metal derimod har 8600 flere medlemmer i 74 end i 64, (108.574 i 1974). KAF har i samme periode øget sit medlemstal med 11.600 til 68.678 i 74. (Tiårsoversigten 1975, s. 63).

Arbejderkvinderne

Kvinderne har altid udgjort bunden i arbejderhierarkiet og gør det stadig, hvis man ser bort fra fremmedarbejderne. Det er dem, der udfører det manuelle akkord- og samlebåndsarbejde, som både er fysisk og psykisk enerverende. Det er dem, der får den dårligste løn, og som er placeret som den mest ukvalificerede del af arbejdskraften i industrien.

Kvinderne varetager arbejdsfunktioner, som tit kan rationaliseres bort, eller de arbejder i brancher, som kan udkonkurreres af produkter fra de lande, som har endnu billigere arbejdskraft. Derfor er der størst ledighed for kvinderne under en krise.

En forklaring på, at kvinderne har denne lave grad af kvalificering er den traditionelle kvinderolle. Kvinderne har ansvaret og arbejdsbyrden i forbindelse med familiens opretholdelse og arbejdskraftens daglige restituering. Dette *dobbeltarbejde* for kvinderne er stadig reelt, selv om det er blevet lettet med en række tekniske produkter og færdigvarer osv. i husholdningen, og selv om der er tendenser til, at også manden 'ta'r et nap med'.

Dette er meget afgørende for kvindernes bevidsthed, og medvirkende til den lavere organisationsprocent, som er 52% hos kvinderne mod mændenes på over 90%.

De beskrevne ændringer i kvindearbejdet fra især at være koncentreret i kvindeindustrier til at være afdelinger af tidligere mandsindustrier, nu blandede industrier, betyder også overgang fra normallønsområde til minimallønsområde. Det er medvirkende til både den stigende organisering og det stigende antal kampe, ført af kvinderne. 'Jernets piger' var de første til at stille magt bag kravet om ligeløn, da det viste sig i 1973, at en formel ligeløn via overenskomsten ikke nødvendigvis betød reel ligeløn – og for mange stadig betyder uligeløn!

Jernets kvinder i lønkamp.
(Formanden for afd. 5, Anna Kristensen, yderst til venstre).

KAPITEL III. ELEKTRONIKBRANCHEN.

Indledning

Elektronikindustrien er et skoleeksempel på de strukturændringer i det danske erhvervsliv, som er omtalt i kap. 1. Begrebet "strukturændringer", som politikere og industrifolk bruger, siger meget lidt (for ikke at sige intet) om, hvad der skal ændres, og hvordan det skal ske. Ordet er neutralt, og tilslører hvad det egentlig drejer sig om: nemlig en rationalisering og omlægning af produktionen. Målet er en konkurrencedygtig dansk industri, som passer ind i verdensmarkedsstrukturen. En dansk industri, som efter bedste kapitalistiske mønster er i stand til at ekspandere og ekspandere og ekspandere . . . lige indtil den en skønne dag (måske i 70'erne!) ikke kan ekspandere længere!

Forudsætningerne for en sådan ekspansion er en eksportrettet fremfor hjemmemarkedsorienteret produktion. Det danske hjemmemarked er efter kapitalistisk målestok alt for lille til, at man kan basere sin produktion udelukkende på det. Der er jo grænser for, hvor meget danskerne kan konsumere. Derfor må man satse på eksporten, kaste sig ud på verdensmarkedet og håbe på, at man via tilpasning (produktionsomlægning) kan finde sig et ståsted i den skærpede konkurrence. En konsekvens af denne tilpasning til verdensmarkedet er en *øget specialisering* i produktionen. Det betyder en udvidet og ændret arbejdsdeling mellem forskellige virksomheder på tværs af landegrænser og mellem de ansatte på den enkelte fabrik. Det sidste kan bl.a. ses udfra et stigende antal teknikere på den ene side og en stigning i antallet af ufaglærte kvinder på den anden. Baggrunden for specialiseringen er den teknologiske udvikling og de ændringer i produktionsprocessen, som denne har muliggjort. Elektronikbranchen er et forbillede for den øvrige danske industri, både hvad angår anvendelsen af de nyeste produktionsmetoder, og hvad angår produktspecialisering.

Specialisering er ikke et éntydigt begreb. For elektronikbranchens vedkommende er det relevant at tale om to karakteristiske former for specialisering. Den første bygger på princippet "*selektiv produktudvikling*" (selektere = udvælge). Her er tale om, at man satser på fremstilling af en bestemt type færdigvare, som på grund af sin specifikke karakter oftest ikke egner sig til masseproduktion. Som eks. kan man tage et avanceret teknisk måleinstrument. Her er det indholdet af teknologisk viden (know-how), der tæller. Det ligger i selve begrebet produktudvikling, at der lægges stor vægt på stadige fornyelser. Det betyder på den ene side, at det er nødvendigt at investere store beløb i forskning, men hertil får man, som vi senere skal se, en god hjælp fra staten. På den anden side medfører denne stadige udvikling af nye produkter, at de eksisterende, der er på markedet, lynhurtigt og til stadighed forældes. Det er alle kapitalisters ønskedrøm, for på den måde kan man jo tilsyneladende blive ved i det uendelige! – Med hensyn til eksport og konkurrence på verdensmarkedet vil disse højtspecialiserede produkter, som følge af deres særegenhed og indhold af know-how, ofte kunne få en dominerende stilling, på trods af at de fremstilles i relativt små produktionsserier.

Den anden form for specialisering bygger på *underleverandørprincippet*. Her satser man på fremstilling af del-elementer (komponenter), som skal indgå i produktionen af færdigvarer på en anden fabrik. Her er i højere grad tale om masseproduktion. Underleverandørprincippet er et tydeligt udtryk for den ny arbejdsdeling mellem virksomheder i en branche. En arbejdsdeling, som godt nok ud fra et kapitalistisk synspunkt er rationel, men også farlig for den enkelte kapitalist. Den medfører en langt større afhængighed, f.eks. kan et produktionsstop, måske forårsaget af en strejke det ene sted, lamme produktionen på en anden fabrik.

Helt generelt kan man sige, at elektronikbranchen i Danmark har specialiseret sig i kvalitet (højt teknologisk stade) og design. Dansk elektronik sælges på et kvalitets-image. Det er nødvendigt for branchen at satse på kvalitet, fordi den ikke er mægtig nok til at kunne konkurrere alene på pris. Derfor er både små- og masseproduktion kendetegnet ved at være kvalitets- fremfor standardproduktion.

Denne specialisering/tilpasning til verdensmarkedet har resulteret i en ekspansion og eksportstigning, der er ret enestående i dansk erhvervsliv. Elektronikproduktionen udgør i dag ca. 5% af den samlede industriproduktion, mod 1,3% i 1950. Hvad angår eksport udgjorde elektronikeksporten i 1950 1% af den samlede industrieksport, i 1973 var den oppe på 7,3%. At medaljen også har en bagside, at økonomisk vækst ikke kommer af ingenting, men i høj grad er betinget af anvendelsen af nye udbytningsformer over for de arbejdere, der er beskæftiget her, er en anden og nok så vigtig side af sagen. Den tager vi op og behandler i bogens sidste kapitel.

Her vil vi se på, hvad der egentlig er sket i branchen i tidens løb og derefter prøve at vise mere konkret, hvordan tilpasningen til verdensmarkedet er foregået. For at forstå denne udvikling er det imidlertid nødvendigt at vide lidt om, hvad elektronik i grunden er. Derfor vil vi starte med en gennemgang af de forskellige former for elektronikproduktion.

De forskellige former for elektronikproduktion

Elektronik er mange ting, og det kan være misvisende at tale om elektronikbranchen som en helhed. Når man skal sige noget om de faktorer, der er afgørende for produktionen og for udviklingen i branchen, er det nødvendigt at skelne. Groft kan produktionen inddeles i tre kategorier:

1) Professionel elektronik, også kaldt elektroniske instrumenter.
2) Forbrugerelektronik, også kaldt underholdningselektronik.
3) Komponenter.

Denne inddeling, som elektronikfabrikanterne opererer med, siger ikke udenforstående særlig meget. Især den første kategori er uigennemskuelig. Den indeholder (ifølge branchens eksportkonsulent C. Meller Valeur: "Elektronikbranchens produktion og udenrigshandel") elektronik "i industriens, forskningens, undervisningens, medicinens, kommunikationens og transportens tjeneste". Vi kan tilføje: og ikke mindst i militærets "tjeneste". Mærkeligt, at hr. Meller Valeur glemmer at gøre opmærksom på det! – Et par smagsprøver på, hvilke produkter det drejer sig om: Det er bl.a. måleinstrumenter, radiokommunikation og radiofoni, telefonapparater og anlæg, termostater, regne- og bogholderimaskiner, medicinsk elektronik, røntgenanlæg, navigation, ekkolod og radar (+ "diverse". Her befinder sig nok en del militærproduktion, men den er i øvrigt også indeholdt i de "neutrale" betegnelser: radar, navigation, radiokommunikation og lignende).

Det er umiddelbart nemmere at gennemskue, hvilke produkter der er indeholdt i den anden kategori, forbrugerelektronikken. Det drejer sig om de såkaldte forbrugsgoder, undertiden kaldt "varige forbrugsgoder" (men mon ikke fabrikanterne sørger for, at varigheden bliver relativ?). Nærmere bestemt er det radio- og fjernsynsapparater, forstærkere, grammofonanlæg, båndapparater, magnetbånd, elektriske musikapparater, tunghøreapparater, elektriske filmapparater, batterier- og lommeregnere.

I den tredie gruppe, komponenterne, indgår alle de dele og enheder, der medgår til opbygningen af færdigvarerne i de to nævnte sektorer (professionel og forbruger). Det kan være modstande, kondensatorer, omskiftere og printplader, transformatorer og spoler, relæer, radio- og billedrør, halvledere, kanalvælgere, mikrofoner og højttalere, for at nævne de vigtigste.

Denne opdeling, som er foretaget på grundlag af produktforskellighed og -lighed ("instrumenter", "underholdningsapparater" og komponenter), kan ikke bruges til ret meget andet end til at danne sig et overblik over, hvilke produkter, der fremstilles i branchen. Det kan ikke i sig selv være det interessante (for ret mange).

For at kunne forstå udviklingen i branchen, må man vide noget om konkurrencebetingelserne for hver af de tre former for elektronikproduktion. Er der forskel på dem med hensyn til konjunkturfølsomhed og sårbarhed under kriser? Til belysning af det spørgsmål er det nødvendigt at inddrage et aftageraspekt. Det er ikke uden betydning for konkurrencevilkårene, om man producerer med henblik på salg til *private*, via detailhandel (det gælder for underholdnings/forbrugerelektronikken), til det *offentlige*, til såvel civile formål, f.eks. til hospitaler og administration, som til militære, eller om man producerer til den *øvrige industri*, f.eks. automatiseringsudstyr og proceskontrolinstrumenter. Det er den professionelle elektronik, der har det offentlige og den øvrige industri som aftagere.

De forskellige aftagergrupper er til en vis grad bestemmende for produktionen, bl.a. med hensyn til, om der er basis for masseproduktion, eller om det mest hensigtsmæssige er en stærkt specialiseret småproduktion. Forbrugereelektronikken, der afsættes til private, er udpræget masseproduktion. Målet er at udbrede de forskellige apparater til flest mulige mennesker. (Det kan blive lidt svært for tunghøreapparaternes vedkommende, og de må nok siges at falde lidt udenfor. På trods af deres status som forbrugerelektronik, er de ikke masseproducerede).

Med en produktion rettet mod private forbrugere kommer man ikke udenom til dels at konkurrere på pris, uanset om man forsøger at sælge sine varer på et slogan om kvalitet og på et smart design. Produktionens ve og vel afhænger af folks købekraft, og konkurrencen om forbrugernes gunst er hård. Det betyder, at denne form for elektronikproduktion er temmelig konjunkturfølsom.

Den professionelle elektronik, der er rettet mod det offentlige og den øvrige industri, er ikke nær så konjunkturfølsom som forbrugerelektronikken. Den del af branchen, der fremstiller rationaliseringsudstyr, vil ovenikøbet kunne profitere på en krise. Den professionelle elektronik ("instrumenterne") produceres for den største dels vedkommende i relativt små serier på forholdsvis små virksomheder. Det er den form for produktion, der er basis for den selektive produktudvikling, der er omtalt i indledningen. Dvs. vi har her at gøre med specialprodukter, som udmærker sig ved at være kvalitetsproduktion på højtudviklet teknologisk stade. Her er det ikke prisen, der er afgørende for, om produkterne kan sælges. Det offentlige og industrien betaler, og først i en alvorlig krisesituation vil der blive tale om en nedskæring, som rammer den professionelle elektronik.

De forskellige elektronikformers forhold til kriser, til verdensmarkedet og til aftagergrupper danner baggrund for en forståelse af udviklingen i branchen. Den omlægning af produktionen, der skete med henblik på tilpasningen til verdensmarkedet, betød nemlig ikke alene en øget specialisering, men også en forskydning fra en overvejende forbrugerproduktion til en stærkt dominerende professionel produktion. Dette vil fremgå klart af den historiske gennemgang af udviklingen i branchen.

Udviklingen i elektronikbranchen

Allerførst må vi beklage, at vi af mangel på andet materiale hovedsagelig bygger dette afsnit på elektronikfabrikanternes blad, Dansk Radio Industri (D.R.I.), årgang 55–74, hvor bladet ophørte. Det giver naturlig- og beklageligvis en række begrænsninger i fremstillingen. Men i grunden er det nu ikke så lidt, man kan læse ud af d'herrer fabrikanter og industrirådsmedlemmers udtalelser. Man kunne bare ønske, at de ville udtrykke sig lidt klarere, kalde tingene ved deres rette navn. Men det er jo nok for meget forlangt. Det kunne også være rart, om de engang imellem interesserede sig lidt for den side af sagen, der hedder konsekvenserne for arbejdskraften. Men det gør arbejdsgiverne pr. definition ikke, og det har de aldrig gjort. I D.R.I. omtales arbejdskraften kun når der er mangel på den, dvs. når mangel på arbejdskraft bliver en hindring for fortsat økonomisk vækst. Men nu til sagen. Branchens udvikling, som den afspejles i D.R.I.:

Fra midt i tyverne og helt op til midt i 50'erne var elektronikproduktion i Danmark først og fremmest produktion af *radiomateriel* (dvs. modtagere og komponenter for radiofremstilling).

I 1925 blev både Statsradiofonien (Danmarks Radio) og Foreningen af Radiofabrikanter (FARAD) stiftet. Det ligner en tanke og siger mere end mange ord om den uhyre sammenhæng mellem stat og kapital, der til enhver tid hersker i et kapitalistisk samfund. Forudsætningerne for privatkapitalistisk profitmageri, her i form af radioproduktion, varetages af staten. Det gælder generelt, at kapitalister kun investerer deres penge, hvor de kan forrente sig, give profit. De ikke-profitable investeringer, som er en forudsætning for profitproduktionen, må staten påtage sig. Man kan eksempelvis nævne udgifter til uddannelse, forskning, etablering af radio- og TV-sendernet, områder der har speciel interesse for elektronikbranchen.

Det er karakteristisk, at i det øjeblik staten (i 1925) bevilger penge til oprettelse af en Statsradiofoni, er der skabt grobund for en kapitalistisk produktion af radiomodtagere. Sådan er sammenhængen mellem stat og kapital i et kapitalistisk samfund. Tilsyneladende et ganske harmløst eksempel (vi vil jo alle gerne have en radio), men alligevel et eksempel på det samarbejde mellem stat og kapital, der går igen og igen på alle planer. Det er et samarbejde, der foregår bag vores ryg og hen over hovedet på os. Der er ingen, der spørger os om vores behov for det ene eller det andet. Staten og kapitalen kan sagtens selv finde ud af det, og staten handler ud fra det gode, gamle slagord: "Det, der er godt for kapitalen, er godt for os alle".

Hermed er ikke sagt, at der er tale om et samarbejde, der altid forløber gnidningsfrit og uden modsætninger. Man plejer at sige, at staten varetager totalkapitalens interesser, dvs. man går ud fra en helhedsbetragtning. Det udelukker ikke, at nogle branchers interesser varetages bedre end andres, og at der er modsætninger i de skiftende og siddende regeringers politik.

Et eksempel herpå er den særlige omsætningsafgift på 30%, som blev lagt på "underholdningselektronikken" lige fra dens start, først på radio, senere på TV, grammofoner osv. Den omsætningsafgift er et evigt tilbagevendende, når fabrikanterne skal brokke sig. Den får skylden for alt ondt, på trods af, at den åbenbart ikke har virket særlig forbrugsbegrænsende. Man må huske, at det var småt med konkurrencen udefra, p.g.a. importrestriktioner og told. Når formanden for Radiofabrikantforeningen taler om omsætningsafgiften, er der ingen ende på hans forargelse. Han beskylder politikerne for, at de af angst for at miste stemmer øver "blodig uret ved at tvinge en hel kreds af stræbsomme og hæderlige erhvervsdrivende ud i økonomisk uføre og det, der er værre". (D.R.I. 1, 55). Allerede nu kan vi berolige de læsere, der sidder og grunder over, hvordan det dog skal gå med de stakkels mennesker: den "blodige uret" bliver gjort god igen på anden vis: nemlig i forbindelse med lanceringen af fjernsynet.

Omkring 1950 var udviklingen af *fjernsynsapparatet* nået så vidt, at en større produktion kunne sættes i gang. Teoretisk, ja, for også i dette tilfælde var det en nødvendig forudsætning for produktionen, at staten bevilgede penge til en fjernsynssender og til udsendelser. En temmelig kostbar affære, som i begyndelsen mødte en del modstand hos politikerne. Fjernsynsfabrikanterne pressede på. Der var jo ingen, der ville købe fjernsyn, sålænge der ingen udsendelser var!

I 1951 kom der så småt gang i udsendelserne. Der blev sendt en times fjernsyn om ugen og kun for seere i København. Det var ikke rigtig nok til at få gang i salget af de dengang enormt dyre apparater, i forhold til en gennemsnitsindtægt. I 1953 var man oppe på i alt 303 seere, så ikke ret mange andre end fabrikanterne kunne få glæde af udsendelserne. De fik afprøvet deres apparater.

Det gik trægt med salget af fjernsyn, indtil "Danmarks første storsender" endelig (sagde fabrikanterne) stod klar til at blive taget i brug i foråret 1955. Sendernettet var stadig ikke landsdækkende, men nu var det muligt at lave flere og teknisk bedre udsendelser. Branchens folk jubler: "Så kommer fjernsynsfeberen over landet", spår man i D. R.I. 2, 55. Ved indvielsen af "storsenderen" er seerantallet nået op på ca. 4000, og det stiger støt i tiden derefter. "Salget af TV-modtagere er i støt stigen", hedder det i D.R.I., 5, 55, "det er tvivlsomt, om serierne slår til. Det er meget vel tænkeligt, at fjernsynsmodtagere for kortere eller længere tid ikke vil kunne købes, men kun bestilles til senere levering. Det kan blive galt, når Odense-senderen om ikke ret længe giver efterspørgslen endnu en tak".

Efterhånden som sendernettet bliver landsdækkende, går det som en leg med afsætningen af fjernsynsapparaterne, og produktionen udvides i stadig større målestok. Fabrikanterne ved, at de skylder politikerne tak for deres "forståelse", og de er fulde af lovord. "Samarbejdet mellem Statsradiofonien og os har altid været både nært og frugtbart", udtaler formanden for fabrikantforeningen til D.R.I. nr. 5 i 57 – frugtbart for hvem?? – og han fortsætter: "Det samme gælder vort forhold til skiftende ministre og embedsmænd i de ministerier, som vi "sorterer" under". Senere i artiklen bliver han spurgt: "Det var spændende, da man diskuterede, *om* der skulle være regelmæssige fjernsynsudsendelser?". Og formanden svarer: "Ja, det tør nok siges! Der var fra industriens side investeret meget store beløb i fremstillingen af fjernsynsapparater, så det var temmelig nervepirrende med denne diskuteren frem og tilbage om, hvorvidt vi skulle have de udsendelser, som kunne give salget dets længselsfuldt ventede startsignal". Man forstår formandens irritation, men som vi allerede ved, blev industrien ikke ladt i stikken. Selvfølgelig fik vi regelmæssige udsendelser, ovenikøbet blev sendernettet færdigt et halvt år tidligere end planlagt.

Der er mange gode grunde til, at formanden for Radiofabrikantforeningen kalder samarbejdet mellem Danmarks Radio og radio- og TV-fabrikanterne både "nært og frugtbart".

I 1956 går Danmarks Radio aktivt ind i et reklamefremstød for radio og TV på en regulær varemesse i Forum i København. Man trækker folk til i massevis ved at vise, hvad fjernsynet formår: "I udstillingsdagene foregår alle fjernsynsudsendelser for åbent tæppe. Der bliver lejlighed til at vise, hvad Danmark formår i henseende til programmer, ja endog eurovisionsudsendelser kommer til at finde sted i udstillingstiden" (D.R.I. 4, 56). Nogle husker måske, at der i 1975 blev holdt en tilsvarende udstilling i Bellacentret, denne gang til ære for farvefjernsynet.

Udstillingen i 56 dokumenterer, at "nu har Danmark fået fjernsyn" (samme nr. af D.R.I.). Det er måske lidt flot sagt, men i hvert fald går det hurtigt fra nu af. I 1960 er seerantallet nået op på 388.196, ifølge licens-tal, som jo under ingen omstændigheder er højere end det faktiske seer-tal.

1960 er året, hvor fjernsynsfremstillingen kulminerer. Der produceres ca. 235.000 TV-apparater, der repræsenterer en produktionsværdi på o. 265 mill. kr. Dette tal blev både højde- og vendepunkt for produktionen. Se kurven over TV-produktion 1950–72. Den viser fjernsynsproduktionens andel af den samlede elektronikproduktion.

Fjernsynsproduktionens relative andel af elektronikproduktionens produktionsværdi i perioden 1950–72.

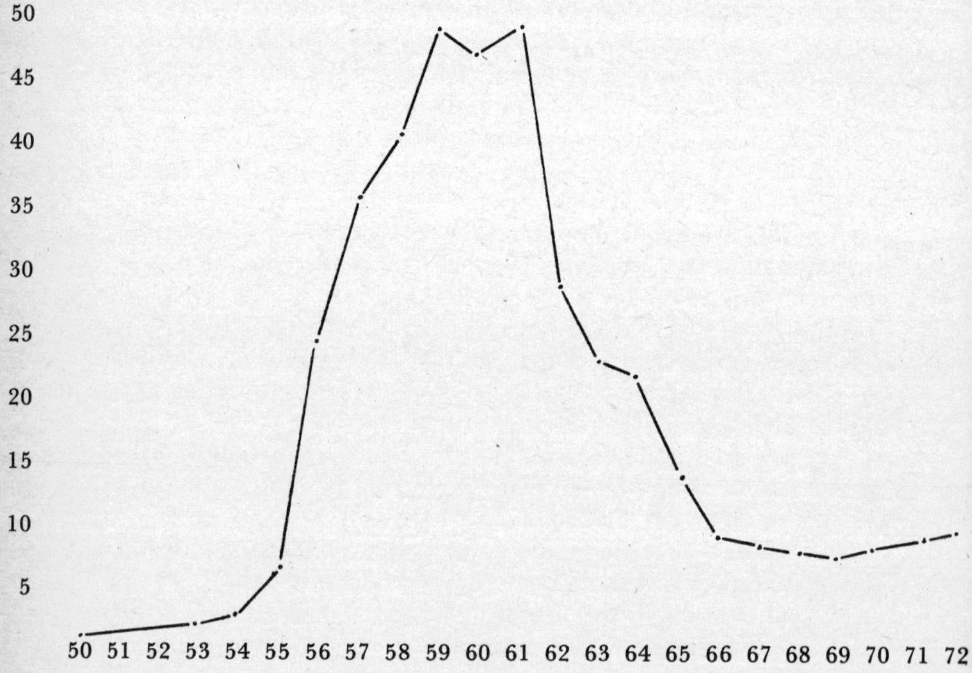

TV-industrien er i krise 60–65. Det viser sig gennem den svigtende afsætning og de deraf følgende lavere produktionstal. Bag ved tallene gemmer sig det faktum, at en mængde mindre fjernsynsfabrikker, der var skudt op i blomstringstiden for at få deres del af kagen (herunder også tidligere radiofabrikker, der var begyndt at producere fjernsyn), måtte gå ned med flaget. Der skete en koncentration og en centralisering af kapital. De store og kapitalstærke, der overlevede krisen blev endnu større og stærkere på de "svageres", dvs. de knap så kapitalstærkes bekostning.

I 1966 var der fire(!) Radio- og TV-fabrikker tilbage. Det var B&O, Hede Nielsens Fabrikker (det senere Rank-Arena, nu medarbejderselskabet "3F"), Eltra og Philips (som ikke længere producerer TV i Danmark, men kun komponenter til TV).

Vi har ikke noget præcist tal for, hvor mange TV- og radiofabrikker, der gik ned eller blev opkøbt, men det fremgår af artikler i D.R.I. (specielt årgang 66), at det drejer sig om et stort antal.

Én af branchens veteraner, tidligere formand for Radiofabrikantforeningen, beskriver i D.R.I. 2, 66 "TV-industriens livskamp". Han giver 13 fallitter et ord med på vejen, og han nævner åbenbart kun de fabrikker, som han anser for at have været særlig bemærkelsesværdige med hensyn til kvalitetsproduktion, og som han derfor synes det er særlig synd for! Han søger at forklare årsagerne til krisen, som han først og fremmest ser som en krig mellem forretningsfolk og teknikere. Han står selv på teknikersiden, og retter et skarpt angreb mod "kapitalen", der for ham udelukkende betyder storkapitalen: "I den sidste ende blev det kapitalen, der kom som en bull-dozer og vendte op og ned på det hele, fejende alle menneskelige hensyn over ende". Her er endelig én, der sætter mennesket i centrum! Det viser sig dog i resten af artiklen, at hans sympati og medfølelse udelukkende retter sig mod de mange "hæderlige og stræbsomme erhvervsdrivende", der desværre måtte give op og finde på noget andet. Som medvirkende årsager til at det gik, som det gik, trækker han den, især i krisetider, omstridte omsætningsafgift frem, og endvidere monopoltilsynet(!): "Det skaber et enormt tidsspilde og fremmer mistroen og den mentale utryghed ved at tvinge køberne til at storme rundt fra butik til butik for at finde den billigste . . . Hvis Monopoltilsynet finder en høne, der lægger et guldæg til sin ejer, så skal den omgående på smalkost, så den kun lægger vindæg, hvis den da ikke ligefrem sulter ihjel". Dvs. hverken forbrugerne eller de stakkels fabrikanter har andet end besvær ud af Monopoltilsynets "blanden sig". Noget andet er, at det er helt hen i skoven at tillægge Monopoltilsynet nogen som helst betydning i denne sammenhæng, hvor konkurrencen mellem de mange små kapitaler netop blev skærpet p.g.a. afsætningsvanskelighederne, og prisen dermed blev holdt i bund.

Men hvorom alting er: "TV-industriens skibbrud er en kendsgerning, skaden *er* sket. Kun nogle få har overlevet de hug og skrammer, der faldt af til alle sider; – "survival of the fittest" (den stærkeste overlever) ville Darwin sige – men det hjælper ikke nu at græde over spildt mælk. Dog ville det være ønskeligt, om en gentagelse kunne undgås, når farve-TV om nogle år dukker op" (samme artikel). Som vi vil se senere, gør man i branchen, hvad der er muligt for at undgå en gentagelse, ved i langt højere grad at forsøge at styre produktionen af farvefjernsyn.

Årsagen til fjernsynskrisen var først og fremmest svigtende afsætning. Man må huske på, at produktionen overvejende var hjemmemarkedsproduktion. Helt op til 1960, da Danmark blev medlem af EFTA, var den danske industri beskyttet af importrestriktioner, som gradvist blev afviklet over perioden 60–67. På grund af denne "drivhustilværelse" var industrien ikke uden videre konkurrencedygtig på et større marked, så da hjemmemarkedet for fjernsynsapparater var "mæt", som man sagde, blev der krise i branchen.

Svaret på krisen kom til udtryk gennem en række forskellige *kriseløsningsforsøg*, som kan sammenfattes i to hovedpunkter:

1) eksport
2) specialisering

Det er to sider af samme sag: for at øge eksporten er det nødvendigt med en tilpasning til verdensmarkedet gennem forskellige former for specialisering. Elektronikbranchen er i perioden 60–65 kendetegnet af eksportbestræbelser og produktionsomlægninger.

Eksportbestræbelser

Allerede i 50'erne var der en ivrig diskussion i gang mellem industrifolk og politikere angående Danmarks stilling på et "større marked" som enten kunne være EFTA eller EF. Medlemsskab af f.eks. Fællesmarkedet er tydeligt nok ikke et befolkningsanliggende, men et spørgsmål om at finde de mest gunstige afsætningsmuligheder for kapitalen.

Som nævnt i kap. I griber staten aktivt ind med en række støtteforanstaltninger til gavn for især den del af kapitalen, der var, eller havde mulighed for at blive, eksportindustri. Dvs. til gavn og glæde for bl.a. elektronikbranchen.

Sidst på året 1962 stifter Radiofabrikantforeningen en eksportforening, Danelectronex, og ansætter en eksportkonsulent, den tidligere nævnte Valeur. Hertil får de støtte fra Danmarks Erhvervsfond, "betydelig støtte", siger de selv. Hvor meget det er, kan man ikke få at vide.

"Etableringen af den nye forening må ses på baggrund af, at apparatproduktionen har været faldende i 1962. Derved har underleverandørerne og herunder komponent-sektionen (inden for Radiofabrikantforeningen) kunnet notere en produktionsreserve, som man vil sætte ind i forbindelse med et eksportfremstød" (Nyt fra Erhvervsfonden, citeret i D.R.I., nr. 1, 63). Læg mærke til udtrykket "en produktionsreserve". Det er det man med jævne ord kalder overproduktion. Denne overproduktion af komponenter hang sammen med fjernsynskrisen. Komponentproduktion er udtryk for den specialisering, der bygger på underleverandørprincippet. Som underleverandører, især til radio- og TV-industrien, blev komponentsektoren naturligvis hårdt ramt af faldet i fjernsynsproduktionen. Resultatet var i første omgang, at de komponenter, der allerede var produceret, ikke kunne afsættes på hjemmemarkedet, og derfor måtte man søge at eksportere dem.

Komponent-produktion er imidlertid et godt udgangspunkt for eksport for en dansk industrigren, der er nødt til at forsøge at finde lommer på verdensmarkedet, uanset om resultatet bliver, at den også kommer i lommen!

Komponent-fabrikkerne er helt afhængige af, og oftest helt i lommen på, de apparatfabrikker, de leverer til. Komponentindustrien er som følge heraf meget konjunkturfølsom, og det gælder specielt den del, der producerer komponenter til forbrugerelektronikken. I "dårlige tider" lever apparatfabrikkerne på opspisning af deres lagre, dvs. komponentfabrikkerne er dem, der rammes allerførst af en afmatning i konjunkturerne. Det er en konsekvens af den afhængighed, der følger med specialiseringen, og heri ligger én af modsætningerne i underleverandørsystemet: på den ene side er det naturligvis godt (og nødvendigt, det er en anden ting) for en lille virksomhed at være under en andens beskyttende vinger, at være led i en kæde, men det er uheldigt, når kæden springer! At det ikke er helt løgn at underleverandører er afhængige af og i lommen på de fabrikker/koncerner de leverer til, underbygges af, at de ofte simpelthen bliver opkøbt af deres hovedaftager.

Produktionsomlægninger

Frem til 1960 og et par år derefter, er det, som det er fremgået, radio- og TV-produktionen, der dominerer elektronikbranchen. I årene 1959–61 udgør TV-produktionen alene næsten halvdelen af den samlede produktion.

Afsætningskrisen giver stødet til produktionsomlægninger. ”Fra underholdning til nye specialer”, hedder det i D.R.I., 1, 66. ”Vi ser Radiofabrikantforeningens medlemmer inden for apparatsektoren reduceres i antal, men vi ser samtidig nye elektroniske virksomheder komme til”, (D.R.I., 5, 65).

Som en konsekvens af denne udvikling får Radiofabrikantforeningen nye love og kommer til at hedde Elektronikfabrikantforeningen. Det er i 1966.

Men hvad er det så for nogle specialer, branchen slår sig på? Det viser sig, at de nye specialer for størstedelens vedkommende er professionel elektronik.

Allerede i forbindelse med oprettelsen af eksportforeningen blev det nævnt, at professionel elektronik var et område med store muligheder foran sig, ikke mindst i eksportsammenhæng. (D.R.I., 1, 63). Et karakteristisk træk ved professionel elektronikproduktion er den selektive produktudvikling, som vi har omtalt i indledningen.

I deres søgen efter profitable produktioner specialiserer fabrikanterne sig altså inden for området professionel elektronik, et område, der med den teknologiske udvikling bliver stadig større. Der synes at være næsten ubegrænsede muligheder for produktvalg (her kommer det selektive ind i billedet).

Som det blev nævnt i indledningen, går den professionelle elektronik først og fremmest til det offentlige, såvel til udrustning af hospitaler som til oprustning af hæren, og til den øvrige industri. Det betyder, at denne del af branchen har et andet forhold til konjunktursvingninger end henholdsvis komponent- og forbrugersektoren. Det er også én af grundene til at så mange af elektronikfabrikanterne finder deres ”speciale” inden for dette område.

I en artikel i Dansk Teknisk Tidsskrift (nr. 6, 62) i serien ”Sådan begyndte VI eksporten”, fortæller en foregangsmand inden for området om fordelene ved den professionelle produktion: ”Det er jo sådan, at der er en mængde apparater, som man kan fremstille, og de danske fabrikker har alle deres egne specialiteter. Ingen fabrik laver det samme”. Det betyder en hel del i konkurrence-sammenhæng! (Et forhold, der ikke er ændret væsentligt i årenes løb op til i dag). Bl.a. betyder det, at en virksomhed på trods af en forholdsvis ringe produktionsmængde vil kunne være dominerende på verdensmarkedet.

Resultater

I 1965 har branchen som helhed stabiliseret sig efter kriseårene. Hovedvægten ligger nu på den professionelle elektronik, der udgør ca. halvdelen af den samlede elektronikproduktion, mens forbrugerelektronikken og komponenterne (i 1965) tegner sig for henholdsvis 37 og 15% af den totale produktion. Den professionelle elektronik har holdt denne position næsten uændret siden (med ca. halvdelen af den samlede produktion), mens komponenterne og forbrugerelektronikken i højere grad har måttet slås om den anden halvdel. (Se søjlerne).

Elektronikproduktionens fordeling på hovedgrupper, søjlernes bredde angiver prod's størrelse

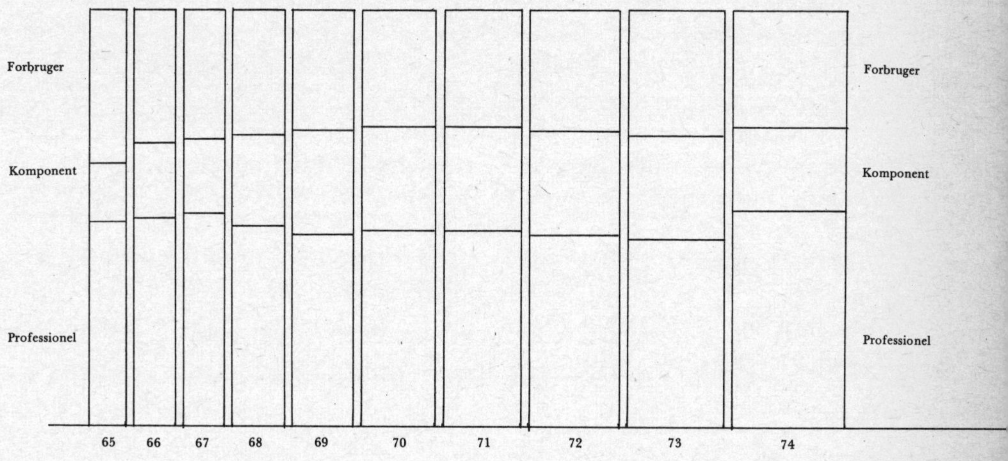

Elektronikexportens fordeling på hovedgrupper.

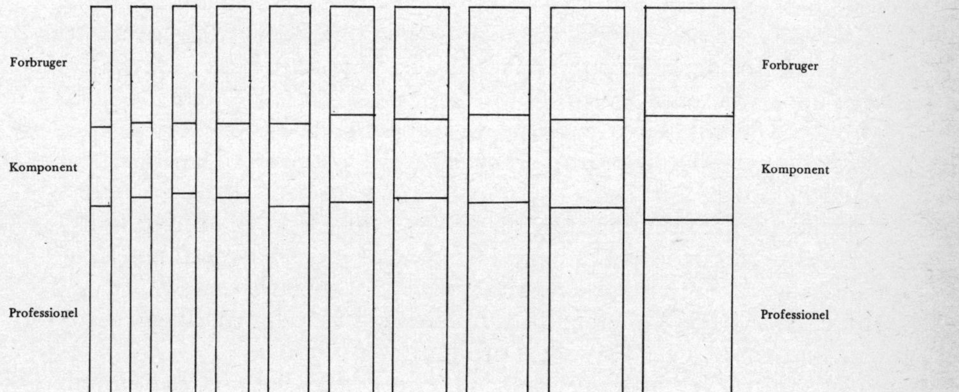

Desværre kan vi ikke fremvise nogle tilsvarende søjler der viser fordelingen på hovedgrupper før 1965. Det hænger sammen med at det statistiske materiale, vi har, er ufuldstændigt. Totalproduktionen er ikke specificeret ud på hovedgrupper før 1965. Til gengæld ved vi, at radio- og TV-industrien "i sine bedste år præsterede mere end halvdelen af produktionen i hele den danske elektronikindustri", (D.R.I., 4, 64).

På baggrund af den bratte nedgang i fjernsynsproduktionen i årene 1960—65 og den professionelle elektroniks dominans fra 1965 og frem til i dag, kan man tale om en vægtforskydning inden for elektronikbranchen, fra forbruger- til professionel elektronik. Det er et led i "strukturændringerne", en konsekvens af fabrikanternes søgen efter profitable produkter, der er relativt sikre i forhold til konjunktursvingninger, og som kan eksporteres.

Produktionen og eksporten stiger støt, som følge af disse "strukturændringer". Nu er betingelserne til stede for en fortsat ekspansion. Her vil vi nøjes med at henvise til søjlerne, der meget tydeligt illustrerer ekspansionen og eksportstigningen, og som samtidig viser, at produktionen siden 1965 har holdt sig stabil (produktionen fordeler sig nogenlunde ens på de tre hovedgrupper fra år til år).

Beskrivelsen af udviklingen i branchen fra først i 60'erne og frem til i dag gemmer vi lidt endnu, for først at se på, hvad der tilsyneladende var det største problem for fabrikanterne i forbindelse med "strukturomlægningerne", nemlig manglen på arbejdskraft under 60'ernes højkonjunktur.

"Overbeskæftigelsen" i 60'erne

Fuld beskæftigelse, som jo ikke er så fuld endda, når man tager arbejdskraftreserven i betragtning, er noget meget ubehageligt for kapitalister. Det er derfor de undertiden taler om "overbeskæftigelse". Dels kan de ikke uden videre udvide produktionen ved at inddrage flere arbejdere, og dels er de nødt til at passe på de arbejdere, de har. De kan blive nødt til at efterkomme arbejdernes krav med hensyn til bedre arbejdsvilkår og højere løn. Det er klart, at det kan en kapitalist ikke være tjent med! Manglen på arbejdskraft kan tvinge ham til at investere i nye, arbejdskraftbesparende maskiner og produktionsmetoder (rationaliseringer). Arbejdsprocesserne splittes op, specialiseres ud og forenkles. Det åbner mulighed for i højere grad at inddrage ufaglært arbejdskraft, herunder kvinder, i produktionen.

Den fulde beskæftigelse først i 60'erne er tydeligt nok et problem for elektronikfabrikanterne: "Den største bekymring i den elektroniske industri i dag", hedder det i Tidsskrift for Industri nr. 6, 62, "er, at overbeskæftigelsen medfører vanskeligheder med at overholde leveringstiderne". På trods af at krisen i radio- og TV-industrien frisatte et stort antal arbejdere, der kunne inddrages i den professionelle elektronikproduktion, er arbejdskraftmanglen et stort problem for branchens ekspansion. "Generelt set er der nok så store problemer med at skaffe passende og tilstrækkelig arbejdskraft som med at finde afsætning for varerne" (Valeur i D.R.I. 4, 64).

Elektronikfabrikanterne går på jagt efter arbejdskraftreserven, såvel den traditionelle (de gifte kvinder) som den "skjulte" (åndssvage, blinde og invalide). Tidsskrift for Industri kan i 1963, nr. 1, under overskriften: "Skjult arbejdskraftreserve at finde blandt de åndssvage", bringe sensationen: "Nu laver de åndssvage elektronhjerner! ". Her er et glædesbudskab til alle betrængte elektronikfabrikanter! Videre i artiklen hedder det: "Foreløbig er det på Philips-fabrikkerne i Holland, at dette sker. Men også herhjemme foregår der inden for Åndssvageforsorgen et eksperimentelt arbejde, som må have industriens bevågenhed, og som allerede har været med til at redde visse industrier ud af en kattepine". Lidt længere fremme i artiklen: "I Holland fik man fuld beskæftigelse før os – og derfor blev man også tidligere nødsaget til at skrabe arbejdsmarkedets bund". (Ja, for i Holland må gifte kvinder ikke arbejde ude for deres mænd – det er også derfor, at elektronikarbejde (også montering) i Holland er mandsarbejde). Det hedder videre om udviklingen i Holland: "Man konstaterede, at det er en forholdsvis simpel ting at lave nogle af de enkeltprocesser, som en industrialiseret produktion er delt op i. Ikke så få kan udføres, uden at den beskæftigedes intellekt spiller nogen egentlig rolle for resultatet". Med andre ord: Ændringerne i produktionsprocessen, den større opsplitning af arbejdsprocessen har medført, at en del af arbejdet er blevet idiotarbejde! Dermed er ikke sagt, at det også udføres af idioter, men fordelen ved at anvende åndssvag arbejdskraft til den form for arbejde er i følge N. Bank-Mikkelsen, chef for Åndssvageforsorgen, at de åndssvage ikke oplever monotomien (hvor han så end ved dét fra): "Og man må huske, at monotomien tager sig helt anderledes ud set med den åndssvages øjne. Hvor normale kan være ved at gå til af kedsomhed, føler *han*, at han udfylder en plads". Desuden er de åndssvage billig arbejdskraft og "pligtopfyldende og trofaste over for arbejdet".

Nøden (arbejdskraftmanglen) tvinger som sagt kapitalisterne til at "skrabe arbejdsmarkedets bund", som det blev kaldt ovenfor. Denne problematik kan også fremstilles på en anden måde, der foregiver at varetage den "erhvervshæmmedes" interesser, og dermed tilslører hvad det egentlig drejer sig om, nemlig kapitalens interesser: "Hvad kan vi gøre for de erhvervshæmmede?", hedder det allerede i 1959 i D.R.I. (nr. 2). Artiklen indledes sådan: "At have et godt helbred og tilfredsstillende arbejde er to af de vigtigste ting i et menneskes liv. Derfor må det føles dobbelt hårdt at være erhvervshæmmet . . . Radiofabrikation med dens masser af stillesiddende monteringsarbejde må siges at være særdeles velegnet for de erhvervshæmmede. Og med god vilje vil der kunne ydes en endog meget betydelig indsats til gavn både for det enkelte menneske og for samfundet som helhed". Kom ikke og sig, at fabrikanter kun tænker på deres profitinteresser! Selvfølgelig må den erhvervshæmmede kunne forstå, at der er grænser for godgørenheden. Man kan jo ikke betale mere for arbejdsydelsen, end den er værd, (og det er naturligvis op til arbejdsgiveren at vurdere). Et lille opbyggeligt eksempel, som en ekspeditionssekretær i den daværende Centralarbejdsanvisning, der interviewes i artiklen, kommer med: "Som et eksempel på, hvor vanskeligt hele problemet er, kan jeg fortælle Dem om en beskyttet fabrik i Odense. Den blev startet af en socialt interesseret fabrikant, der udelukkende antog erhvervshæmmede og lod dem arbejde på en rimelig akkord og kun på akkord, således at enhver arbejder blev aflønnet efter sin arbejdsydelse. Længe varede det ikke, før de stærkt erhvervshæmmede, som ikke nåede så meget, blev utilfredse og nægtede at arbejde på "denne slaveløn". Til sidst måtte fabrikanten ansætte 15 normalt arbejdende, ligeledes på akkord. Nu kunne de utilfredse se, hvad der kunne ydes, og uroen døde hen af sig selv. I dag klarer denne beskyttede fabrik for erhvervshæmmede sig udmærket". Historien melder desværre ikke noget om, hvordan de "erhvervshæmmede" klarer sig for deres slaveløn, men det er jo heller ikke det interessante for læserne af fabrikantbladet.

Det burde være en menneskeret at have arbejde til en anstændig løn, selv om retten til arbejde i et kapitalistisk samfund er retten til at blive udbyttet. Men denne ret kan kun "tilgodeses" under en højkonjunktur. Så kommer der gang i revalidering og resocialisering, for at opfylde arbejdskraftbehovet, som det hedder. Det er ikke arbejdskraftens behov, der skal opfyldes. Tværtimod er det kapitalens behov for arbejdskraft.

Modsat ser man i dårlige tider for kapitalen, med masser af arbejdskraft, stor arbejdsløshed, som nu i 70'erne, hvordan resocialisering og revalidering underprioriteres i det sociale arbejde. Det siger igen noget om sammenhængen mellem stat og kapital.

Parallelt med bestræbelserne på at finde og udnytte den skjulte arbejdskraftreserve, gøres der fremstød for at få fat på den kvindelige arbejdskraft. Branchen kan notere en stor tilgang af kvinder, men åbenbart ikke stor nok. D.R.I. nr. 1, 63 giver sambeskatningen skylden for, at kvinderne bliver hjemme: "Når kvinderne bliver hjemme, sker der det, at bl.a. radiofabrikanterne må erkende, at det er forgæves de prøver på at avertere efter kvindelig arbejdskraft. Kun få kvinder føler sig fristet af "det lette og propre arbejde". Hele misèren kommer af det lille uhyggelige ord: Sambeskatning", mener man i D.R.I. Konklusionen er, at hvis sambeskatningen blev ophævet . . . "så ville mange husmødre sikkert med glæde tage et nap med ved radiofabrikkernes samlebånd, så hver enkelt husmoder personligt kunne yde sit bidrag til den dyre husleje, det nye TV-apparat og den lille familiebil". Ja, et "let og propert arbejde" ved et samlebånd må jo være et ønskejob for enhver kvinde!

Ikke alene den ufaglærte, men også den faglærte arbejdskraft var en mangelvare i 60'erne. Det problem kunne løses på to måder:

1) gennem rationaliseringer, fornyelse af produktionsapparatet, automatisering og specialisering. Dvs. ved delvis at overflødiggøre faglært arbejdskraft,
2) ved at uddanne flere.

Det sidste lader sig ikke gøre fra dag til dag, men er en løsning, som skal komme industrien til gode på længere sigt.

"Industrien har fået en uventet forbundsfælle", kan man læse i D.R.I., nr. 5, 62, og industrien er i dette tilfælde først og fremmest elektronikbranchen: "I løbet af fem år vil militærets nye konstabelordning give industrien en stærkt øget tilgang af elektro- og elektronikmekanikere". Det drejer sig om en tilgang på 12—1300, oplyses det. Og militæret har "gode betingelser for at kunne give en første klasses uddannelse", man har jo "mængder af elektronisk udstyr".

Selve det, at hæren kan uddanne elektronikmekanikere til det civile erhvervsliv, siger noget om, hvor kort springet er fra militær til civil elektronikproduktion (og fra civil til militær). "Forsvaret anvender det meste af den civile teknik, blot brugt på en lidt anden måde", som det hedder i en anden artikel om "Veluddannet arbejdskraft fra forsvaret til elektronikindustrien", (D.R.I., 5, 65). Det er tankevækkende, at der ikke er nogen egentlig forskel på civil og militær elektronik, men at det mere er et spørgsmål om anvendelsen.

Om fordelene (industriens) ved at uddanne folk inden for militæret, er der ingen tvivl, hedder det i samme D.R.I.-artikel: "Vi skal jo passe på ikke at skamrose os selv og på ikke at sætte vore folk i noget modsætningsforhold til de arbejdskammerater, de senere vil få i industrien. Men det kan næppe være forkert at pege på, at al uddannelse i forsvaret går ud på at lære folk at gøre deres pligt og at opelske ansvarsfølelse . . . Nogle af dem vil måske i særlig grad kunne egne sig som arbejdsledere i industrien". Den ny konstabelordning, som den kaldes, kan dels ses som et udtryk for samarbejdet mellem kapital og stat (industri og militær), og dels siger den noget om forholdet mellem militær- og civilproduktion inden for elektronikbranchen.

Elektronikindustrien står i stor gæld til USA for indsatsen i Vietnamkrigen! Det fremhæves gang på gang i D.R.I. (især efter 1965), at USA's forskning på det "forsvarsmæssige område" har været af enorm betydning for branchen. Forskning med henblik på at udvikle avanceret krigsmateriel (herunder rumforskning, der blot er camoufleret krigsforskning), er baggrunden for det teknologiske stade, som elektronik i dag befinder sig på. Med andre ord: krigsforskning (først og fremmest USA's) driver udviklingen af elektronikken frem.

Siden 2. verdenskrig har der været gang i udviklingen af elektroniske våben. Et vigtigt led i oprustningen og den kolde krig mellem USA og Sovjet, der senere blev kaldt "rumkapløbet". Midt i 60'erne optrappede USA Vietnamkrigen og deres rumfartsbudget. De to ting hænger tæt sammen. "Det amerikanske rumprogram har i tiåret 1955–64 kostet 15,7 milliarder dollars, og budgetterne for 1965 og 1966 er på henholdsvis 6,6 og 6,8 milliarder dollars. Bestemmende for dette kolossale program er i et vist omfang prestigehensyn, men i øvrigt såvel civile som ikke mindst forsvarsmæssige hensyn", kan man læse i D.R. I. nr. 1, 66. (Var det USA, der blev angrebet? Foregik Vietnamkrigen i USA, siden der tales om "forsvarsmæssige hensyn"?).

I samme artikel, der handler om forholdet mellem elektronik og rumforskning, hedder det: "Rumteknikken er én af de muligheder, der åbner sig for dansk elektronik i forandringens tidsalder . . . Elektronikken spiller en væsentlig rolle inden for rumteknikken. Rumforskningen befordrer således i høj grad den elektroniske industris expansion".

Det konstateres i artiklen, at "Vesteuropa står langt tilbage i forhold til USA . . . Men i Vesteuropa finder man det i stigende grad nødvendigt at søge at "komme med" – dels af prestigemæssige og forsvarsmæssige grunde, *men ikke mindst fordi det for den fortsatte industrielle udvikling vil være farligt ikke at kunne følge med i forskningen og den af denne skabte industrielle expansion*", (vores fremhævelse). Det vil med andre ord sige, at den industrielle økonomiske vækst i et kapitalistisk samfund helt og aldeles er betinget af forskning i, og udvikling af, avanceret krigsudstyr – som man så godt kan kalde "rumfartsudstyr" for ikke at skræmme folk! Det viser sig nemlig, at de tekniske specifikationer for henholdsvis rumfartsudstyr og militært udstyr stort set er ens!

Som en konsekvens af militærforskningens og -produktionens nødvendighed (eller som det kaldes: "rumforskningens nødvendighed"), har Vesteuropa (og Danmark) skabt en række organisationer til "håndtering af rumtekniske spørgsmål". Blandt disse er EUROSPACE, som er en sammenslutning af vesteuropæiske industrivirksomheder og -grupper. ("Det er et spørgsmål om at overleve", siger præsidenten for EUROSPACE. Det er nok snarere et spørgsmål om, hvem der overlever, hvis nogen overlever!). EUROSPACE arbejder naturligvis sammen med USA, bl.a. er et antal amerikanske firmaer (der oplyses ikke hvilke) direkte tilknyttet.

Som en underafdeling af EUROSPACE, har vi i Danmark organisationen DANSPACE, en sammenslutning af "en række danske virksomheder og forskningslaboratorier" (man kan ikke få at vide hvilke). DANSPACE har til formål at "søge orientering om forskning, udvikling og produktion på rumteknikkens område med henblik på dansk deltagelse i, og leverancer til, internationale projekter". Dvs. med henblik på dansk deltagelse i f.eks. NATO-projekter.

Af andre europæiske og danske "grupperinger" af interesse for elektronikbranchen, er ESRO (Europæisk rumfartsorganisation) og DANIGROUP, som er oprettet 1962 af en række danske virksomheder (igen vides ikke hvilke) med henblik på at fremme deres salgsinteresser på det "forsvarsmæssige område", som det kaldes. En vigtig del af DANIGROUP's arbejde går ud på at sikre danske virksomheder en andel i de ordrer på krigsudstyr, der udbydes inden for NATO.

Forholdet mellem civil og militær elektronikproduktion

Som vi allerede har været inde på (i forbindelse med omtalen af konstabelordningen, en militær civiluddannelse), er der ikke tale om nogen kvalitativ forskel mellem civil og militær elektronik. Det er mere et spørgsmål om anvendelse.

Men elektronikken (hvad enten den er civil eller militær) er udviklet, og udvikles stadig, først og fremmest med henblik på militær anvendelse.

Det er værd at huske på, at bl.a. USA's krigsførelse i Vietnam har været med til at bringe elektronikken op på det høje teknologiske stade, som den befinder sig på i dag, og som elektronikfabrikanterne lever højt på. Som en repræsentant for den professionelle elektronikproduktion, en af foregangsmændene på det område i Danmark, udtrykker det i Tidsskrift for Industri nr. 6, 62: "Det er nødvendigt at fremstille måleapparater til mange militære formål, og de resultater, der opnås, forplanter sig hurtigt til de fredelige områder, så der også bliver tale om en kommerciel oprustning". Som elektronikfabrikant kan man være revnende ligeglad med, hvad, hvorfor, til hvem og på hvilken baggrund man producerer, når blot produktionen giver profit. Derfor ser elektronikfabrikanterne uden bekymring, for ikke at sige med fuld tilfredshed, på det nære forhold mellem militær og elektronik. Krigsforskningen og udviklingen af avanceret elektronisk militært udstyr har spillet, og spiller stadig, hovedrollen i det spil, der handler om elektronikbranchens ekspansion.

Ekspansionen i 60'erne. Eksportvæksten.

Den ekspansion, der er tale om, er bemærkelsesværdig, både hvad angår produktion og eksport. Elektronikbranchen kan opvise en produktions- og eksportstigning, som elektronikfabrikanterne og deres eksportkonsulent, den højtbesungne Valeur, aldrig bliver trætte af at tale om og se på tryk i deres blad D.R.I. Et par tal: I 1950 udgjorde den samlede elektronikproduktion 1,3% af den samlede danske industriproduktion. I 1975 var man oppe på ca. 3%. Med hensyn til eksport udgjorde elektronikken 1,7% af den samlede industrieksport i 1950, mod 7% i 75. I absolutte tal var der en omsætning på 132 mill. i 1950 mod 1,7 og ca. 3 milliarder i henholdsvis 1970 og 75. Vi henviser til tabellen.

Oversigt over elektronikbranchens økonomiske udvikling.

	Produktions værdi mill. kr.	Gnstlg. årlig vækstrate i foregående 5-års periode	andel af industri-prod. %	andel af industri-eksporten %
1950	132	–	1,3	1,7
1955	198	8,4	1,5	2,1
1960	576	23,8	2,9	3,7
1965	887	9,0	2,8	6,4
1970	1723	14,2	3,2	7,2
1971	1905	11	3,3	7,6
1972	2170	14	3,4	7,9
1973	2390	10	3,2	7,3

Tabellen bygger på Elektronikfabrikantforeningens produktionsstatistik. Trods den lave vækstrate 1960–65, er den årlige vækstrate for året 1965 anført til at være 54, den højeste overhovedet i efterkrigsperioden.

Baggrunden for ekspansionen er de "produktionsomlægninger", som blev foretaget i første halvdel af 60'erne: Fra overvejende forbruger- til professionel elektronik, og fra hjemmemarkeds- til eksportproduktion. Årsagen til dette var dels afsætningskrisen på hjemmemarkedet for den del af branchen, der producerede fjernsyn, og dels de nye markedsforhold efter 1960, der nødvendiggjorde en "tilpasning" til verdensmarkedet. En vigtig forudsætning for de produktionsomlægninger, der fandt sted, var de teknologiske landvindinger fra USA's krigsførelse i Vietnam.

Som vi tidligere har været inde på, betød "fjernsynskrisen" og de nye markedsforhold efter 60, at Elektronikfabrikantforeningen (dengang Radiofabrikantforeningen) i 1962 dannede en eksportforening, Danelectronex. Hensigten var i første omgang at søge afsætning for de produkter, men ikke kunne få afsat på hjemmemarkedet. På længere sigt skulle eksportforeningen bl.a. gennem markedsundersøgelser være et led i produktionsomlægningen fra hjemmemarkeds- til eksportrettet produktion. Den totale produktionsnedgang 1960–63 udgjorde 135 mill. kr.

Udviklingen efter 1965

Fra 1965, da elektronikbranchen har stabiliseret sig i sin ny struktur med hovedvægten på produktion af professionel elektronik, øges såvel produktion som eksport støt og stadig fra år til år (se søjlerne). 1971 er undtagelsen der bekræfter påstanden om, at de danske elektronikfabrikanter har forstået at spille deres rolle i det spil, der hedder tilpasningen til verdensmarkedet. Årsagen til stagnationen i 1971 lå ikke i branchens struktur eller i mangel på planlægning af produktionen. Den væsentligste årsag til nedturen (0-vækst er lig med tilbagegang for industrien) i 1971 var USA's nedtrapning af Vietnamkrigen, og (i sammenhæng hermed) nedskæringerne på rumfartsprogrammet. Denne forklaring giver branchen selv: "Én af baggrundene for nedturen har været de bremsede rumprojekter, som har betydet overkapacitet i USA. Det generer også det europæiske marked". (Børsen 20/10–72, Elektronikfabrikantforeningens formand). Det vil på dansk sige, at Europa blev oversvømmet af elektronik fra USA, da der i USA blev skåret ned på krigs- og rumfartsbudgetterne i 1971. I D.R.I. uddyber formanden sine betragtninger: "Én af årsagerne kan søges i udviklingen inden for den amerikanske elektronikindustri, som i nogle år har været ude i en skæbnessvanger krise. Den blev særlig hårdt ramt, dels af nedtrapningen af den amerikanske militære indsats i Vietnam, dels af de drastiske nedskæringer i det amerikanske rumfartsprogram". Ak ja, skæbnen kan være hård, selv for elektronikindustrien! Formanden bliver stillet det relevante spørgsmål: "Er det virkelig nødvendigt med en krig for at holde aktiviteten oppe?". Og han svarer: "For den amerikanske elektronikindustri er svaret, på kort sigt, et ja"

Hvad så med den danske? Den er åbenbart ligeså afhængig af krig, omend mere indirekte.

Sammenligner man krisen i elektronikbranchen først i 60'erne ("fjernsynskrisen") med stagnationen i 1971, har man endnu et tydeligt bevis på den udvikling, der er foregået. Hvor fjernsynskrisen var en afsætningskrise på hjemmemarkedet, skyldes stagnationen i 1971 svigtende afsætning på udenlandske, først og fremmest europæiske, markeder. Og i 1971 var det ikke mindst komponentsektoren og den professionelle del, der blev ramt. Man kan altså ikke længere tale om en fjernsynskrise. Det siger noget om den produktionsomlægning, der har fundet sted, og om den større integration på verdensmarkedet.

Stagnationen overvindes, som det hedder, og fra 72 til i dag er der en årlig stigning i både produktion og eksport, når man ser på elektronikbranchen under ét. Men stadigvæk er der forskellige forhold, der gør sig gældende for de tre hovedgrupper professionel elektronik, forbrugerelektronik og komponenter. Vi vil derfor behandle dem hver for sig.

Komponentsektoren

Som tidligere nævnt er komponentproduktion udtryk for en udpræget arbejdsdeling mellem forskellige virksomheder. Det er en arbejdsdeling, der bygger på underleverandørprincippet, som passer fint ind i eksportsammenhæng. Som man kan se, dels på søjlerne, dels i tabellen, stiger komponentproduktionen og -eksporten støt fra 1965 op til i dag. Komponent-sektoren er den mest konjunkturfølsomme del af elektronikbranchen, og den del, der rammes hårdest i 1971 og 73–74.

Den professionelle elektronik

Udgangspunktet for professionel elektronik-produktion er, at elektronik har et ubegrænset anvendelsesområde. Teknologien er udviklet så vidt, at der teoretisk ikke er nogen grænser for, på hvilke områder elektronikken vil kunne bruges. "Vi er kun så småt begyndt at anvende elektronik i forhold til de muligheder, der er eller i hvert fald vil dukke op i løbet af de kommende år. Endnu er vi "dumme" med hensyn til at anvende de muligheder, der faktisk ligger i at anvende elektronikken i bredeste forstand til styrings- og kontrolfunktioner", siger formanden for Elektronikfabrikantforeningen til D.R.I., 3, 68. På spørgsmålet om hvordan vi bliver klogere, svarer han: "Ved at udnytte vore tidligere indhøstede erfaringer, men først og fremmest ved at accelerere uddannelse og forskning".

Forskning og uddannelse accelereres gennem et øget samarbejde med staten. Forbindelsen mellem elektronikbranchen og de højere læreanstalter bliver tættere, efterhånden som branchens behov for forskning og ingeniørarbejdskraft øges. Den professionelle elektronikproduktion bygger på selektiv produktudvikling, som kræver en intensiv forskning. Den stadige fornyelse af produkterne er det centrale i den form for produktion. Produkterne gør sig gældende på verdensmarkedet i kraft af deres høje teknologiske stade. Det betyder, at fabrikanterne her nødvendigvis må investere 8—12% af omsætningen i produktudvikling. Hver virksomhed har sine særinteresser, hvad angår forskning. Men derudover har virksomhederne i branchen, især i den professionelle del, en fælles interesse i at få staten til at investere mere i elektronik-forskning generelt.

Fra slutningen af 60'erne og op til i dag gør elektronikfabrikanterne via fabrikantforeningen sig ihærdige anstrengelser for at få mere gratis forskning (gratis = betalt af staten).

"Staten skal ikke betale alle industriens forskningsudgifter", lyder overskriften på en artikel i Børsen (18/3-69), der handler om et udvidet samarbejde mellem de højere læreanstalter og elektronikbranchen. Der arrangeres møder mellem forskere og fabrikanter i Elektronikfabrikantforeningen. "Særligt behov for kommunikation, fordi udviklingen går så stærkt. Elektronikindustrien taler ud med forskerne", (Børsen 12/3-69). Nu er det på tide, "at forskningen kommer ud af elfenbenstårnet og stilles til rådighed for det praktiske arbejde" (Børsen 12/3-69).

I 1971, hvor der var stagnation i branchen, og de enkelte virksomheder derfor skar ned på deres forskningsudgifter, tager Elektronikfabrikantforeningen initiativ til at udvide kontakten med Danmarks tekniske Højskole endnu engang og beslutter "at ville gå ind for, at Danmark i højere grad end hidtil får mulighed for at deltage i multinationale projekter og offentlige danske projekter. Det gælder leverancer til NATO, ESRO og NASA osv.", (de to sidste er rumfartsorganisationer), (D.R.I. 1, 72). Som vi tidligere har været inde på, har den form for samarbejde to sider: elektronikbranchen får afsat sine produkter (militærproduktion) og får ny teknologisk viden.

Det voksende behov for forskning tvinger elektronikfabrikanterne i den professionelle del til fællesforskning i en vis udstrækning. Forskningen centraliseres. I 1967 bliver tre forskellige forsknings-institutter slået sammen til ét: Elektronikcentralen. Dens formål er "på teknisk-videnskabeligt grundlag at yde bistand og foretage undersøgelser til fremme af dansk elektronikindustri og af elektronikkens anvendelse i det danske samfund og dets erhverv", (Tidsskrift for Industri, 23, 1967). Forskningen rationaliseres i et forsøg på at få forsket mere for de samme penge. Elektronikcentralen får støtte fra staten. "Når man skal søge bevillinger, er det også mere overskueligt og bedre for Danmarks teknisk-videnskabelige Forskningsråd at skulle vurdere en ansøgning fra ét institut frem for tre fra ligeså mange institutter", (Tidsskrift for Industri, 23, 1967). Kom ikke og sig, at branchen ikke viser samarbejdsvilje over for staten.

Omkring 80% af den professionelle elektronik-produktion går til det offentlige i én eller anden forstand (D.R.I. 5/6-72). Resten går til industrien. Det giver denne del af branchen en ret speciel stilling i forhold til kriser.

I 1973, hvor krisen på verdensmarkedet ("energikrisen") for alvor slog igennem, var der i elektronikbranchen "udbredt optimisme" (D. R.I. 8, 73), meget stor ordreindgang. Tilsyneladende har branchen kun én bekymring: "Mangel på arbejdskraft truer elektronikproduktion. Tvivlsomt om de store ordrer alle kan effektueres".

"Modsat mange andre danske industrigrene venter elektronikindustrien i hvert fald afsætningsmæssigt for en række virksomheder at få et "skub" fremad af den igangværende krise", kan man læse i Børsen d. 11/1-74. Det hænger sammen med, at professionel elektronik spiller en central rolle i forbindelse med rationaliseringer. I krisetider tvinges industrien som helhed til at rationalisere. Som direktøren for Elektronikfabrikantforeningen siger til Børsen d. 11/1-74: "Hvis konjunkturerne er gode, har industrien som helhed råd til at anskaffe sig de fornødne rationaliseringsmidler. I dårlige tider har den ikke råd til at lade være. Generelt tror jeg energikrisen vil ramme netop elektronikindustrien i væsentlig mindre grad end andre danske industrigrene".

Det viser sig også, at "dansk elektronik-industri tog et spring frem i 74", (Børsen d. 26/5-75), og at det "først og fremmest er den såkaldte industrielle elektronik, der tegner sig for fremgangen", (Produktionsværdi i 1974: knap 1,5 milliarder, mod godt 1 milliard i 73).

Situationen var stort set stadig uændret i 1975. Formanden for Elektronikfabrikantforeningen siger til Børsen d. 13/10-75, at branchen ikke har tabt terræn på verdensmarkedet under lavkonjunkturerne. "Krisetid kan ikke standse branche i vækst", hedder det. Den offentlige sektor vil stadig være en relativ sikker aftager: "I den offentlige sektor er der til stadighed områder i gang. Visse projekter kan ikke uden videre bremses. Det gælder f.eks. telekommunikation", (Børsen 13/10-75).

Selvfølgelig får en krise i alle de vestlige kapitalistiske lande også konsekvenser for elektronikbranchen. Det indrømmer formanden for Elektronikfabrikantforeningen. Men den professionelle del af branchen, der tegner sig for mere end halvdelen af den samlede produktion, rammes på en anden måde, og ikke i så stort et omfang som den øvrige industri.

Krisen kan betyde, at virksomhederne af økonomiske årsager skærer ned på forskning og produktudvikling. Det vil få konkurrencemæssige konsekvenser på længere sigt. Derfor ser man i 1974–75, at Elektronikfabrikantforeningen igen slår et slag for forskning. Foreningen udsender en rapport, der bl.a. konkluderer, at elektronikindustrien bør anvende "en voksende del af sine ressourcer til forskning og udvikling". Og samtidig "bør industrien overveje, om "simple" produktioner ikke kan lægges ud til geografiske områder, hvor arbejdslønningerne er knap så høje som i Danmark", (Børsen 30/5-74).

Elektronikfabrikantforeningen holder i maj 74 en konference over emnet: Elektronikindustriens konkurrencedygtighed. Man skal drøfte "behovene fremover" (Børsen 2/4-74). Et af de vigtigste punkter er netop branchens stadig stigende behov for forskning. Det foreslås, at elektronikvirksomhederne lærer at udnytte de forskellige former for statsstøtte bedre, og at "de lærer at udnytte de kompensationsforretninger, der sikres Danmark ved f.eks. større militære materielkøb i udlandet, bedre end nu", (april 74). Hvis virksomhederne ikke tidligere forstod at udnytte de såkaldte kompensationsforretninger, har de i hvert fald lært det siden. Det er "århundredets flykøb", som det blev kaldt, et godt eksempel på. Det drejede sig om køb af kampfly til militæret i 1975.

Den professionelle del af elektronikbranchen havde stor interesse i og indflydelse på fly-købet. Repræsentanter for branchen deltog via

Elektronikfabrikantforeningen i forhandlinger med regeringen, og pressede på for at få en hurtig afgørelse. Allerede i oktober 74 hedder det i Børsen: "Vi kræver beslutning om fly nu" (21/10-74). "Vi" er elektronikfabrikanterne. Der forhandles om køb af enten svenske, franske eller amerikanske fly. Elektronikfabrikanterne foretrækker de amerikanske: De vil give branchen mest med hensyn til "kostbar teknologisk viden". Købet af amerikanske fly vil kunne "bringe branchen ud af det forskningsmæssige dødvande, der har varet 4—5 år", siger direktøren for Elektronikfabrikantforeningen til Børsen (15/12-75). "Gennem folketingets beslutning har vi derfor en vis forhåbning om at komme op på et højere niveau, hvilket vil have afgørende betydning for branchens fremtid". Det har ikke været rent tilfældigt, at folketinget besluttede at købe de dyreste fly, der var de amerikanske.

Som et led i kompensationsaftalerne i forbindelse med fly-købet (dvs. at USA skal forpligte sig til at købe noget i Danmark til gengæld for, at Danmark køber fly i USA), fik en række danske elektronikvirksomheder store ordrer. Det drejede sig om levering af militært udstyr af forskellig slags. Virksomhederne var DISA, NEA-Lindberg og Regnecentralen, der dannede et konsortium til lejligheden, og LK-NES og Chr. Rovsing, der dannede en "gruppe". Ordren lød på 1,2 milliarder kr., som skulle fordeles mellem de fem.

Oprindelig havde 70 firmaer meldt sig som interesserede i at levere til de nye F-16 fly, som de hedder. Det giver et fingerpeg om, at militærproduktion ikke er forbeholdt en snæver kreds af virksomheder. I det hele taget er grænsen mellem civil- og militærproduktion meget flydende, når det drejer sig om professionel elektronik. Regnecentralen og LK-NES måtte have dispensation fra krigsmaterielloven for at kunne være med i leverancerne til F-16 flyene, dvs. de havde åbenbart ikke tidligere leveret udstyr til militæret, i modsætning til de tre andre virksomheder, NEA-Lindberg, Chr. Rovsing og DISA.

De virksomheder, der ønskede at få del i ordren på 1,2 milliarder kr., måtte give et yderst detaljeret tilbud til General Dynamics i USA: "Det er ikke småting, der skal med i et tilbud til F-16. Alt skal med lige fra den mest detaljerede stykpris på enhver enkeltdel i produktionen som tegninger over produktionslokaler og oplysninger om antal strejker splittet op på hver enkelt strejkedag med varighed og begrundelse for arbejdsnedlæggelsen", (Børsen 15/12-75). De sidste femten års strejker omtales i enkeltheder. Det er tydeligt, at kapitalisterne søger at danne sig et overblik over, hvor stor risikoen er for produktionsstop i form af strejke.

Danmarks medlemsskab af NATO har haft en uvurderlig betydning for elektronikbranchen, og især for den professionelle del. Det har givet både afsætningsmuligheder og indsigt i den nyeste nye teknologi.

Flere danske virksomheder, bl.a. Terma, DISA, Radartronic, Chr. Rovsing og NEA-Lindberg, har deltaget i fællesproduktioner inden for NATO af elektronisk styrede våben. (For en mere udførlig beskrivelse henvises til bogen "Rustningsindustri og krigsforskning i Danmark", Demos).

Danmarks tilknytning til CERN, europæisk atomforskningsorganisation, til ESRO og til de øvrige europæiske rumfartsorganisationer, giver ligeledes elektronikbranchen både afsætningsmuligheder og teknisk viden.

I 1974 betalte den danske stat 28 mill. i kontingent til CERN, bare for at få lov at være med. På den baggrund mener elektronikfabrikanterne, at der skulle være gode muligheder for at øge eksporten til CERN.

"CERN skal lære at bruge dansk elektronik", hedder det i Børsen, (13/11-75) i forbindelse med et fremstød, hvor bl.a. DISA, NEA-Lindberg, Regnecentralen, Chr. Rovsing, Storno og Terma deltager.

Det er nærliggende at betragte den form for produktion som militærproduktion, men man må ikke glemme, at det ofte kan være umuligt at skelne mellem civil og militær, når det drejer sig om elektronik. For elektronikfabrikanterne er det et spørgsmål om at finde de sikreste afsætningsmuligheder.

Fremtiden (og nutiden)

Der er fremtid i professionel elektronik. Den vil vinde indpas på flere og flere områder, ikke mindst i forbindelse med rationaliseringer. "Vi bliver alle slaver af teknikken, hvis vi fremover vil udnytte alle de muligheder, den indeholder", siger formanden for Elektronikfabrikantforeningen til D.R.I. allerede i 1968 (nr. 3). Man må formode, at han jubler ved tanken. Vi er godt på vej til at blive slaver af elektronikken, i hvert fald, hvis vi er lønarbejdere. Det skyldes ikke teknikken i sig selv, men hænger sammen med at den anvendes kapitalistisk, dvs. til at presse mere merværdi ud af os, så færre arbejdere kan producere mere på kortere tid.

Hvis elektronikken blev anvendt i arbejdernes interesse, ville det betyde lettelser i arbejdsprocessen og mere fritid, og ikke som nu intensiveringer og fritid i form af arbejdsløshed. Som eksempel på hvordan elektronikken bruges til at rationalisere og skabe arbejdsløshed, kan man tage HK-området og typograferne. På HK-området rationaliseres ved hjælp af EDB-anlæg, som betjenes af hulledamer på akkord. Arbejdet intensiveres mere og mere, arbejdsløsheden stiger tilsvarende.

Typograferne er på vej til at blive totalt bortrationaliseret. Når den ny teknik tages i anvendelse på bladene, vil typograferne blive overflødiggjort. Hvornår og hvordan det sker, afhænger bl.a. af typografernes styrke.

Elektronikken vil i stigende grad blive taget i anvendelse til forskellige former for kontrol. Hemmelige kartoteker og aflytninger o.l. laves mere og mere raffineret. Vi vil aldrig få at vide, hvem der ved hvad om os.

Den elektroniske krigsførelse er en realitet: elektronikken styrer raketter og fly og udløser bomberne. Krigen dirigeres fra et datamatisk kontrolcenter.

Elektronikken er et farligt våben i magthavernes hænder.

Forbruger-elektronik

De fire virksomheder, der var tilbage efter "fjernsynskrisen" (B&O, Philips, Eltra og Arena) forstod, at det var nødvendigt for fremtiden at satse på at afsætte en større del af produktionen til udlandet.

Med eksportkonsulent Valeurs og Danmarks Erhvervsfonds hjælp fik man foretaget nogle markedsundersøgelser og eksportfremstød i Norden og Europa. Det lykkedes at øge eksporten og at fastholde de udenlandske markeder, på trods af at de danske produkter ikke kunne (og ikke kan) klare sig i prismæssig konkurrence. Den vigtigste årsag hertil er nok, at forbrugerfabrikanterne har specialiseret sig i kvalitet og design. Man henvender sig til et kræsent publikum.

Også inden for denne del af branchen, der i forhold til den professionelle del er masseproducerende, er der foregået en produktionsomlægning/specialisering.

Mest udpræget på Philips. Her produceres ikke længere færdige apparater, men komponenter, kanalvælgere til TV. Det er B & O, der tegner billedet af forbrugerproduktionen i dag. Eltra er stadig med, men Arena, der i 1975 blev til medarbejderselskabet 3-F, ser det sort ud for. Inden 3-F opstod, var Arena blevet underlagt den engelske Rank-koncern og hed som følge deraf Rank-Arena. Det nuværende 3-F kæmper en sej overlevelseskamp, mens dette skrives (marts 1976). Bankerne vil ikke give produktionskredit, på trods af at virksomheden har forhandlet sig frem til nogle store ordrer.

Allerede da produktionen af det sort-hvide TV havde toppet, og derefter faldt brat, var forbrugerfabrikanterne klar over, at det næste egentlige opsving først ville komme med farvefjernsynet. Ventetiden, indtil farve-TV'et kunne sendes på markedet, måtte fyldes ud med "lyd".

Først var det den transportable transistorradio, og siden den flade "rigtige" radio. I lanceringen af den flade radio kom det ydre (designet) til at spille en vigtig rolle. Radioer blev et modefænomen i højere grad end tidligere.

Også båndoptagere blev der satset på i 60'erne. Først den almindelige spole- og siden kassette-båndoptageren. Omkring 1966 kom der gang i salget af HiFi-anlæg (højttaler-anlæg) og stereogrammofoner. Det gjaldt om at holde den gående, indtil farvefjernsynet kunne sendes på markedet i 68.

Fra 1967, da det rent teknisk er muligt at fremstille farve-TV i Danmark, kommer der gang i forhandlingerne med Danmarks Radio.

I Tidsskrift for Industri 19, 67 formuleres problematikken om Danmark skal have farve-TV eller ej, på denne måde: "Der er blevet sagt meget pro et contra om, hvorvidt og hvornår Danmark skal have farvefjernsyn og stereofonisk radio. Blot har én væsentlig ting ikke været tilstrækkelig fremme i billedet, nemlig den danske, eksporterende radioindustris behov".

Spørgsmålet om farve-TV eller ej er en sag, der afgøres mellem fjernsynsfabrikanter og politikere. "Naturligvis må man indrømme, at det er meget store beløb, der står på højkant, hvis vi skal have farvefjernsyn i Danmark", siger en repræsentant fra B & O til Tidsskrift for Industri, 19, 67. Han fortsætter fortrøstningsfuldt med, at "det kun kan blive dyrere, hvis Danmarks Radio venter for længe. Og bygningen af det sendernet, som har interesse også for os, vil sikkert i bedste fald tage flere år". – Det er med andre ord bare om at gå i gang med at bygge senderen og ikke bruge for meget kostbar tid på at diskutere frem og tilbage. Når først senderen er etableret, og Danmarks Radio begynder at sende i farve, vil der jo nok vise sig at være købere til farvefjernsynene: "Kommer man først i gang med danske udsendelser, kan udviklingen godt blive ligeså eksplosiv, som da vi startede med sort-hvid".

Det drejer sig bare om at få myndighederne til at indse nødvendigheden af farvefjernsyn. Den side af sagen går lettere, end branchen havde turdet håbe på. Politikerne har "udvist forståelse", som formanden for Elektronikfabrikantforeningen siger til Børsen (23/2-70): "Om farve-TV's udvikling på hjemmemarkedet siger Erik Petersen (formanden), at den er kommet til at gå hurtigere end oprindelig ventet. Denne udvikling skyldes forståelse hos politikerne for branchens betydning, hvilket igen har medført, at Danmarks Radios start på farveudsendelser er blevet fremskyndet, og at vi får et helt pænt antal udsendelser".

Branchen (læs: B & O) søger bevidst at undgå en ny fjernsynskrise, ved i højere grad at styre produktionen af farvefjernsyn og ved at satse på "lydvarer" samtidig med fjernsynsproduktionen. Som B & O direktøren siger til D.R.I. 5/6-73: "Farve-TV-produktion og TV-produk-

tion i det hele taget er mere risikobetonet end audioproduktion (lydvarer), og derfor må man sigte til at få en balance mellem TV- og audio-omsætningen – mellem billed og lyd – og ikke give frit løb over for det, som markedet kræver netop nu . . . Vi gør det for vort vedkommende bevidst derhen, at vi laver flere lydvarer end billedvarer for ikke at komme i samme situation, som de danske producenter var det i begyndelsen af 60'erne". Fjernsynsproducenten søger, belært af erfaringerne fra tidligere, at styre produktionen, undgå alt for store udsving i form af pludselige produktionsudvidelser og -indskrænkninger.

Noget andet er, at B&O heller ikke uden videre kan øge deres produktion af farve-TV, selv om der i en periode er en usædvanlig høj efterspørgsel. Det hænger sammen med B&O's (og andre apparatfabrikkers) afhængighed af underleverandørerne, komponentfabrikkerne. Det kan siges meget indviklet (og næsten uforståeligt) sådan: "Det viser sig jo helt klart, at vor situation i de kommende år vil være et spørgsmål om produktion og ikke om at kunne sælge . . . Mankosituationen vil opstå, fordi komponentforbruget inden for elektronikindustrien er større, end komponentindustrien tør investere i at producere ud fra tidligere erfaringer om, at forbrugerne af komponenter overdisponerer i opgangstider". Meningen er: Kamponentindustrien har også lært af erfaringerne fra krisen først i 60'erne, og forsøger ligeledes at styre udviklingen, dvs. søger at holde produktionen nogenlunde konstant. Hellere moderat stigning, lang leveringstid, end stærkt udvidet produktion, der måske ikke er basis for på længere sigt.

Komponentfabrikkernes tilbageholdenhed får konsekvenser for apparatindustrien, der kan få svært ved at overholde sine leveringstider. Komponentafhængigheden (underleverandør-systemet) kan komme til at virke som en stopklods for produktionen i såvel den professionelle som i forbrugersektoren. Dette er én af grundene til, at fjernsynskrisen fra først i 60'erne ikke vil gentage sig. I hvert fald vil en fjernsynskrise i 70'erne (med farve-TV) forløbe på en helt anden måde: dengang var der en mængde mindre virksomheder, der konkurrerede indbyrdes. De stærkeste overlevede. I dag er der stort set kun en fjernsynsfabrikant i DK, en koncern, og ikke en masse konkurrerende enkeltvirksomheder. I dag kommer konkurrencen udefra i form af import. Den søges opvejet gennem øget eksport.

Forbruger-elektronikken afsættes til private og er afhængig af folks købekraft. Det gør denne sektor mere konjunkturfølsom end den professionelle. Men samtidig er salget af forbrugerelektronik betinget af en række mere eller mindre tilfældige ting, som ikke altid er forudsigelige, f.eks. olympiade, og momsnedsættelse.

I 1972 sælges der mange farvefjernsyn på grund af olympiaden i München.

I 1973 ("energikrisen") skulle man have forventet et dyk i afsætningen, men mod forventning skete det ikke. Årsagen er ikke umiddelbar gennemskuelig. Her er D.R.I.'s version: "Sparetider betyder forøget hjemmehygge for familien Danmark. Når byens lyshav reduceres, og søndags-landevejene tømmes, koncentrerer vi os om de billige og lune hyggestunder foran tv-apparatet og radioen indenfor hjemmets fire vægge". Bortset fra at man kan spekulere lidt over, hvad en søndagslandevej er, lyder det jo vældig hyggeligt.

Indtil videre har forbruger-sektoren klaret krisen. Momsnedsættelsen, der netop skulle sætte forbruget i vejret, har virket efter hensigten: efterspørgslen på forbruger-elektronik steg kraftigt i perioden med lavere moms (fra 1/12-75 til 1/3-76). Men der er ingen tvivl om, at krisen vil få konsekvenser på længere sigt i denne del af branchen.

Opsummering. Forholdet mellem eksport og import

I det foregående har vi beskæftiget os meget lidt med vækstrater og andre ekspansionsudtryk. Vi har ment, at det var mere interessant at se på baggrunden for ekspansionen og konsekvenserne af den. Baggrunden er den beskrevne omlægning af produktionen og tilpasningen til verdensmarkedet.

Konsekvenserne er en større afhængighed af udenlandsk kapital, en øget integration, der betyder større konjunkturfølsomhed generelt. Det er karakteristisk, at importen af elektronikvarer stiger i takt med, eller rettere overstiger, eksporten. Det er en følge af arbejdsdelingen mellem kapitalerne og en konsekvens af integrationen.

Elektronikfabrikanterne gør naturligvis mest ud af at omtale den stigende eksport. De ynder at kalde deres branche "et valutaskabende erhverv", når de skal opnå begunstigelser hos politikerne. At den årlige import (af bl.a. komponenter og EDB-anlæg) stort set altid har været større end eksporten, lader de sig åbenbart ikke anfægte af.

Økonomisk centralisering/geografisk decentralisering

Den tilpasning til verdensmarkedet, som giver sig udtryk i underleverandørsystemet og i en stigende specialisering, viser sig også i en øget økonomisk afhængighed mellem virksomhederne, både inden- og udenlands.

"Tilpasningen" på det økonomiske område medfører både en centralisering m.h.t. ejerskab, dvs. *kapitalkoncentration*, og en *geografisk decentralisering*.

Kapitalkoncentrationen er iøjnefaldende indenfor forbrugerproduktion, hvor B&O sidder tilbage som sejrherre på dette marked. Så godt som alle indenlandske konkurrenter er nedlagt eller opkøbt, og det sidste gælder også B&O's tidligere underleverandører, f.eks. SRT, som de købte i 1969. Ikke engang Philips, som er multinational, konkurrerer de med, eftersom Philips i Danmark nu ikke mere producerer færdige TV-apparater, men kanalvælgere. Koncernens udviklings- og produktionscenter er også placeret i Danmark.

Indenfor den professionelle elektronik er der også sket koncentrationer, og meget er helt eller delvis kontrolleret af den svenske bankier Wallenberg. Også USA er nu kommet til, med General Electric's køb af Storno for nylig. Den danske "bagmand" for en del elektronikvirksomheder er det gamle firma "Store Nordiske Telegrafselskab". Det er svært at finde ud af, hvad bagmandskabet præcist består i, men der er tætte forbindelser til LK-Nes, Hellesens, GNT og Storno. Navnet Storno er lavet af forstavelserne i Store Nordiske. Hellesen ejes af Store Nordiske. LK-Nes er en sammenslutning af Laurids Knudsen og Nordisk Elektricitetsselskab. Det har datterselskaber i Sverige, Norge, Finland og Brasilien. Om GNT står der i Store Nordiskes årsberetning:

"Vort selskab overtog i slutningen af 1967 aktiemajoriteten (51%) i Telefon Fabrik Automatic A/S. Den øvrige aktiekapital (49%) ejes af det svenske selskab L.M. Ericsson. Selskabets navn blev ændret til GNT Automatic A/S, og aktiekapitalen udvidet fra 5 til 15 mill. Fra 1. januar 1968 overtog GNT Apparatfabrikkens (Great Northern Telegraph Works) aktiver og passiver med undtagelse af fast ejendom. Virksomheden beskæftiger ca. 1450 medarbejdere".

L.M. Ericsson er et af Wallenbergs selskaber, og det er også Alfa-Laval, som har købt Titan for 34 mill. Endelig er ASEA, som har 1/3 af aktierne i Thrige-Titan, et Wallenberg-domineret selskab. Denne svenske storkapitalist har tilmed gennem sit firma Electrolux købt Atlas af rederiet Lauritzen. Men også danske storkapitalister har interesser i elektronik. A.P. Møller ejer Disa, som bl.a. producerer militærudstyr, samt Skjødt og Boisen.

Om Nea-Lindberg har vi dels fået at vide, at det er A.P. Møllers datterselskab, dels at A.P. Møller har 50% af aktiekapitalen.

Elektronikbranchen er et karakteristisk eksempel på, at koncentration af kapital ikke altid betyder centralisering af produktionen. Når man før i tiden nævnte de mange mindre virksomheder i Danmark som et bevis på, at den danske industri var tilbagestående i forhold til udlandets, var der måske noget rigtigt i det, men siden har det vist sig, at der er fordele ved at dele produktionen ud på flere virksomheder. Arbejderne på store virksomheder, som f.eks. skibsværfterne, bliver altid mere radikale, simpelthen fordi de er mange. På små virksomheder kan der opstå et personligt forhold til ledelsen, som giver arbejderne en illusion om, at "vi er som en stor familie". Det betyder, at arbejdsgiveren kan appellere personligt til dem, når de stiller krav, om at afstå fra noget for hans eller virksomhedens skyld. På små virksomheder kan arbejdsgiveren undertiden også komme afsted med at køre diktatorisk-patriarkalsk og holde arbejderne på en løn langt under overenskomstens, især hvis der ikke er andet arbejde i området.

En anden tilskyndelse til at dele produktionen op er egnsudviklingsstøtten. B&O har placeret hele virksomheden i Struer, som er et udpræget egnsudviklingsområde, ligesom Danfoss har lagt hovedafdelingen på Als. Begge virksomheder benytter sig kraftigt af hjemmearbejde, hvad ingen københavnske tillidskvinder ville tillade. Ortofon har foruden afdelingen i Kbh. lige oprettet en fabrik i Nakskov, med egnsudviklingsstøtte, og Storno har en afdeling i Flensborg med tysk støtte, udover to i Kbh. og en serviceafdeling i Åbyhøj ved Århus. Også L.K. Nes har en afdeling i Århus, og Thrige Titan har en i Ålborg, som hører under egnsudviklingsområdet. Disa har 3–4 afdelinger, deraf én i Skovlunde og én i Slangerup. Denne stærke opdeling hænger også sammen med, at elektronikindustriens ekspansionsperiode foregik samtidig med en generel mangel på arbejdskraft.

Trods sammenslutninger eksisterer altså GNT som en selvstændig virksomhed, ligesom SRT, og det kan kun skyldes, at arbejdsgiverne ser en fordel i denne geografiske decentralisering. I egnsudviklingsområderne er fordelen dobbelt: dels støtten, dels den billige arbejdskraft, som måske arbejder på fabrik for første gang og ikke er vant til at kæmpe for sin ret.

KAPITEL IV. VIRKSOMHEDSTYPER.

I dette kapitel forsøger vi at give et mere konkret indtryk af branchens interne forhold, ved at beskrive forskellige typer af virksomheder i elektronikindustrien. Selv om det har været vanskeligt for os at skaffe oplysninger, mener vi, at det følgende meget godt afspejler de forskellige problemer, der rejser sig i elektronikindustriens forskellige sektorer. Vi har således ikke gjort noget forsøg på at foretage sammenlignende studier mellem de enkelte fabrikker, men fremhæver, hvad vi mener er typisk for den pågældende arbejdsplads. Udover samtalerne med tillidskvinder på ca. 12 københavnske virksomheder, i efteråret 1975, bygger virksomhedsbeskrivelserne på dagbladene Børsen, Land og Folk, Information og Elektronikfabrikant-foreningens blad, Dansk Radioindustri, samt på bogen "Rustningsindustri og krigsforskning i Danmark" udgivet af De Danske Vietnamkomiteers Dokumentationsgruppe, Demos 1973.

DISA

I elektronikfabrikant-foreningens medlemsfortegnelse kan enhver se, at på Disa producerer man:

> "*Videnskabeligt forskningsudstyr*: Laser Doppler anemometre og varmeføler-anemometre til måling og analyse af strømning, tubulens og tryk i luftarter og væsker. *Industrielt styringsudstyr:* udstyr for styring, automatisering og overvågning af industrielle processer. *Industrielt måleudstyr*: masse-flowmetre til luftarter og væsker. Elektroniske tachometre til hurtigt roterende turbiner. *Elektromedicinsk udstyr*: til forskning og kliniske rutineundersøgelser indenfor elektromyografi. Elektroniske stimulatorer, signalbehandlingsudstyr, telemetri, og video-display udstyr til urologiske undersøgelser (måling af strømning, tryk og muskelaktivitet)".

Som så mange andre af de store koncerner, har også A.P. Møller dækket sig ind ved at eje og kontrollere en produktion, der enten er, eller i krigssituationer kan, omstilles til militærproduktion. Disa har da osse en lang og beskidt historie bag sig. Virksomheden blev grundlagt i 1900 under navnet Dansk Riffel Syndicat, med det formål at udnytte "forskellige patenterede og upatenterede opfindelser på krigsmateriellets og feltudrustningsområdet, navnlig med hensyn til rifler og mitrailleuser". Disa satsede især på det dansk udviklede rekylgevær og det heraf afledte lette maskingevær. Firmaets storhedstid var 1920erne og 30erne, selvom det var impliceret i datidens finansskandaler. Firmaet opbyggede en stor export og dets våben anvendtes mange steder: Frankrigs fremmedlegion brugte dem imod arabiske nationalister, hollandske kolonitropper imod indonesiske revolutionære og de første danskere, der drog på korstog imod kommunismen, brugte dem imod bolsjevikkerne i 1919. Disa medvirkede også til Weimar-Tysklands omgåelse af Versailles-traktatens nedrustningsbestemmelser. Under 2. verdenskrig var Disa en villig leverandør af våben til nazisterne, hvorfor fabrikken også blev sprængt i luften af den mest konsekvente del af modstandsbevægelsen (BOPA).

Efter krigen udviklede Disa et større håndvåbenprogram, men der var hårde markedsbetingelser, både amerikanske, belgiske, schweiziske og italienske våbenfabrikker udkonkurrerede Disa. På trods af protester både fra Industrirådet, arbejderbevægelsens Erhvervsråd, Dansk Smede- og Maskinarbejderforbund og DASF, besluttede den socialdemokratiske forsvarsminister i 1962, at forsvaret skulle forsynes med et maskingevær af vesttysk model i stedet for det hidtil anvendte Disa-produkt. En tidligere regeringsbeslutning i 1961 kom som den før omtalte, til at ramme Disa's produktion meget hårdt. Det blev meddelt fra justitsministeriet, at det ikke ville forny Disa's eksporttilladelse til det fascistiske Portugal. Forhistorien er, at Land og Folk afslørede mindre leverancer af 400–500 stk. maskingeværer til Portugal i oktober og november måned. Den 13. november vedtog FN's koloniudvalg en resolution, der opfordrede medlemslandene til at nægte Portugal enhver støtte til dets kolonikrige. Danmark stemte for resolutionen. Disse to regeringsbeslutninger medførte en krise for Disa's våbenproduktion og i 1965 reorganiseredes firmaet. Navnet blev ændret til Dansk Industri Syndikat, og firmaets formålsparagraf udvidedes til "fabrikationsvirksomhed og handel såvel i indland som i udland, dels direkte, dels ved anbringelse af kapital i andre selskaber eller foretagender".

Tillidskvinden på Disa, som vi kun fik lov at tale med i forhallen, sagde godt nok, at det var 20 år siden, der blev produceret til militæret. Dette modbevises i 60'erne, hvor A.P. Møllers støtte til den yderste reaktion pånyانy afsløredes, idet det viste sig, at Disa producerede elektroniske mineudløsere til det daværende reaktionære Saigon-regime. Men hvad udad tabes, skal indad vindes. Under det algierske folks kamp mod kolonimagten i 50'erne blev der smuglet vigtige produktionsdele ud af fabrikken, som senere, i en københavnsk cykelhandlers bagbutik, blev omformet til våben til den progressive algierske befrielseshær, FNL. Virksomheden fremstiller stadig krigsmateriel og militærudstyr. Disa var således med i de fælles NATO-projekter Sidewinder-, Bullpup- og Helip-raketterne. Disa var hovedkontraktøren i det under Nea-Lindberg omtalte Seasparrow-konsortium. Virksomheden har desuden leveret forskelligt elektronisk udstyr til telegraftropperne. Disa har også produceret ammunition. Den halve million 7,62 mm geværpatroner, der var bestilt af Cuba's diktator Batista, nåede dog ikke frem før revolutionen sejrede i 1959.

Og i dag? Ved at drage nytte af den statslige forskning og den billige kvindelige arbejdskraft og ved samtidig at udspalte produktionen i små enheder, hvor de åbenlyse konfrontationer er mere usandsynlige, (på Disa i Skovlunde er der kun beskæftiget 55 arbejdere mod 100 funktionærer) råder de danske storkoncerner over et mægtigt undertrykkelsesapparat, idet produktionen enten er militærproduktion eller kan omlægges til militære formål, som kapitalisterne måtte finde det for godt at støtte.

STORNO

Storno blev startet i 1947 med produktion af multikanalsystemer, mikrobølgestationer, lufthavnsradioudstyr og radiofoniske reportageanlæg. Idag koncentrerer man sig udelukkende om radiotelefonisystemer, der er opbygget af tre produkttyper, nemlig centralstationer, mobile anlæg i køretøjer og bærbare anlæg.

I 1968 blev Storno udskilt som selvstændigt aktieselskab, hvis kapital dog helt ejedes af moderselskabet St. Nord. Telegraf. Samme selskab ejer 51% af aktierne i GNT-Automatic og ejede 100% af aktiekapitalen i Hellesens, indtil virksomheden gik i fusion med den svenske tørbatteri-fabrik Tudor. I dette selskab ejer St. Nord. Telegraf 51% af aktiekapitalen. Nu har St. Nord. Telegraf for første gang afgivet magten i et af sine datterselskaber ved at lade først 50% og senere (dec. 75) 25% af aktiekapitalen overgå til det amerikanske selskab, General Electric, hvilket man fra arbejderside har kritiseret ret kraftigt. "Det vil formentlig også komme til at betyde en nedgang af vort salg til østlandene", udtaler fællestillidsmand Behrend Bihlet. (Bør. 29.12.75).

Storno har filialer i Vesttyskland, England, Sverige og Frankrig. Blandt disse er fabrikken i Flensborg, som beskæftiger ca. 450 mennesker. I Danmark er der produktionsafdelingen på Amager, hvor der er beskæftiget 250 kvindelige arbejdere, 75 ufaglærte mænd og 112 faglærte metalarbejdere. Foruden denne afdeling, er der to serviceafdelinger: én i Glostrup og én i Åbyhøj ved Århus. Ialt er der i Danmark 1995 ansatte på Storno.

Det tempo, der skal holdes i produktionen for at kunne holde en nogenlunde rimelig akkord, kan være svært for mange, især de lidt ældre kvinder. De afskediges dog ikke umiddelbart af den grund, men har derimod mulighed for at tage dele af arbejdet med hjem og gøre det færdigt her. Omkring 50 kvinder på Storno er ansat på sådanne feudale vilkår.

Strejken den 16.9.75, hvor alle 112 metalarbejdere på Storno-Amager nedlagde arbejdet, var en lønkamp med krav om 1,50–2,75 kr. mere i timen på grund af et lønefterslæb (3/4 år tilbage) på 3 kr. i forhold til afd. 13's gennemsnit. Forud for strejken var der mindre arbejdsnedlæggelser og lovlige forhandlinger, hvor direktøren truede med flytning af produktionen. For at gøre strejken så effektiv som mulig startede arbejderne samme dag en blokade mod Stornos serviceafdeling i Glostrup. Den 18.9. skærpedes blokaden til at dække hele døgnet. Sagen kom straks for arbejdsretten som hastesag med krav om skærpet bod p.g.a. blokaden, og den 18.9. blev arbejderne pålagt at gå i arbejde. Den 30.9. blev de idømt en bod på 84.000 kr. Til trods for arbejdsgivernes trusler om flytning af produktionen, fritstilling af arbejdet og trusler om eksklusion af metalarbejderforbundet, er den indbyrdes solidaritet mellem metalarbejderne vokset i løbet af strejken. De faglærte står ret stærkt, da de på grund af specialoplæring og specialviden ikke uden videre kan skiftes ud. Nogle af årsagerne til, at de 250 kvindelige arbejdere og de 75 ufaglærte mænd aldrig nåede at blive inddraget i strejken, må søges i den splittelse, der reelt eksisterer i form af forskelligt arbejde, forskellige lønsystemer, meget varierende lønstørrelse og opsplitningen af virksomheden i afdelinger både på lokalt plan og på landsplan. Denne produktionsstruktur svarer fint til den struktur med mindre specialiserede virksomheder som elektronikfabrikant-foreningen foreslår som ideel. Den muliggør, foruden en omlægning af produktionen i krise- og konfliktsituationer, også en overflytning af produktionen i tilfælde af længere varende strejker. Og den udbygger med den deraf følgende specialiserede arbejdsdeling mellem forskellige grupper af arbejdere splittelsen og vanskeliggør en fælles solidarisk kamp.

At det hermed er de faglærte mænd, der er kommet til at tegne Storno-arbejdernes lønsituation, kan nok synes temmelig barokt, når man ser på kvindernes lønforhold. På et tidspunkt lå kvinderne på 22,25 kr. i snit, altså både under KAF's gennemsnit, der var på 23,08 kr./t., men også under de ufaglærte mænds forbundsgennemsnit, som var på 28,47 kr./t. Altså en forskel på godt 6 kr. i timen. Kampen kan i hvert fald ikke siges at være ført på et solidarisk grundlag. Kvinderne opgives på forhånd som mulig alliance-partner i en kamp som denne, iøvrigt "kan de jo tjene ligeså meget som vi, hvis de hænger i på akkorden", var den kommentar én af metalarbejderne gav. Ikke underligt at kvindernes forbitrelse over bl.a. den manglende ligeløn på de fleste virksomheder, til tider rettes mod de faglærte mænd.

Et andet eksempel på, hvordan især kvinderne udnyttes på Storno, har vi fra afdelingen i Flensborg. Denne afdeling blev oprettet for et par år siden, idet Storno-ledelsen var klar over, at arbejderne dér var mere disciplinerede og kostede mindre. Eksemplet drejer sig om, hvordan kapitalisterne behandler gravide kvinder (Art. fra Arbeiterkampf, nr. 73, febr. 76).

"Gang på gang sker det, at kvinder føder for tidligt eller får en abort. I aug./sept. fødte 2 kvinder allerede i ottende måned. Dem, der kender de gravide kvinders arbejdsforhold, ved hvorfor de gør det. Fornylig blev der af en mester, gennem sjakbejserne befalet, at de gravide kvinder skulle gå tilbage til deres arbejdsplads straks efter at pausen var slut, og at de ikke skulle bryde sig om at snakke alt for meget sammen og iøvrigt knokle løs på samme måde som alle andre. Storno-ledelsen ser herved totalt bort fra par. 2, afsn. 3 i mødre-beskyttelsesloven, som siger: En arbejdsgiver, der beskæftiger en gravid eller ammende kvinde ved arbejde, som skal udføres i siddende stilling, skal give hende mulighed for korte afbrydelser af arbejdet.

Til trods for akkordforbud – mødrebeskyttelses-loven, par. 4, afsn. 3 – er det på Storno således, at kvinder, der er blevet gravide, skal arbejde videre på deres gamle akkordpladser. Kapitalisterne regner som en selvfølge med, at kvinderne arbejder videre i gammel trit, skønt de får udbetalt akkordgennemsnittet også, hvis de yder en ringere præstation. Da der imidlertid arbejdes i grupper, forlanges der i praksis det gamle styktal af kvinderne. Kan en gravid kvinde ikke leve op til det, er de andre nødt til at lave hendes arbejde for at kunne holde akkord-gennemsnittet". Dette lægger selvsagt et umenneskeligt pres på ikke blot den gravide kvinde, men også resten af gruppen udbyttes herved ekstra meget, fordi arbejdsgiverne tillader sig den frækhed at overtræde loven. Dertil kommer dårlig luft og støj i nogle afdelinger. Hver måned deler mestrene ca. 1000 smertestillende tabletter ud til de 370 kvinder og mænd. Fra arbejdstilsynets side sker der intet. Dette er en smagsprøve på, hvordan det er at være kvindelig arbejder i en af verdens største professionelle elektronik-virksomheder.

I forbindelse med DSB-ordren, der lyder på 260 mobile radioanlæg til en værdi af 20 mill. kr., skal det nævnes at der på et SU-møde (25. 11.75) har været talt om at flytte dele af produktionen til Flensborg.

Disse flytninger synes at være ret almindelige. Arbejderne på Storno kan fortælle, at udviklingen mere og mere glider i retning af, at produktionerne udvikles og indkøres i Danmark for derefter at blive overflyttet til virksomheden i Flensborg. Virksomheden her synes at byde på mere profitable vilkår bl.a. som følge af egnsudviklingsstøtte fra de tyske myndigheder, favorable kommunale støtteordninger og ikke mindst de tyske myndigheders finansiering af en stabil arbejdskraftreserve for Storno i Flensborg. (VS BULLETIN 160, 76).

NEA-LINDBERG

Nea-Lindberg blev dannet i 1973 ved en fusion mellem Nordisk Elektrisk Apparatfabrik og Knud Lindberg. Virksomheden ejes idag 50% af F.L. Schmidt-koncernen og 50% af firmaet V.S. Tranes. Omkring 90% af produktionen består af udstyr til processtyring og kraftforsyning, der eksporteres til engelsktalende lande. Derudover produceres der computere, programmerbare mikrodatamater til bl.a. cementfabrikkerne og radarapparater til fiskerflåden, altså den type produkter, som Elektronik-fabrikantforeningen benævner som: industriel produktion. Denne kategori dækker pænt over, at en stor del af produktionen består af udstyr til militæret. Der findes ikke flere afdelinger i Danmark, men derimod er der en filial i England. Antal ansatte: ca. 350, hvoraf halvdelen er funktionærer. 45 ufaglærte kvinder, 55 ufaglærte mænd og 35 faglærte mænd. Alle er ansat på ren timeløn med tillæg. Ansættelseslønnen for ufaglærte mænd og kvinder er 28,85 kr. /t., hvorefter man gradvist stiger til max. 31 kr./t. Hvor man helt præcist kommer til at ligge, afhænger af værkførerens skøn. Her er ancinitet og uddannelse nogle af de faktorer, der spiller ind ved den endelige lønfastsættelse. Ufaglærte mænd ligger i snit 1,85 kr. over ufaglærte kvinder. Der er blevet oprettet 14-dages lodde- og montagekurser på virksomheden som følge af, at flertallet af de arbejdere, som er kommet ind, ikke har været indenfor elektronik-branchen før. I det hele taget kræver arbejdet en god del rutine og fingernemhed; der satses derfor også fremover på at få kvinder ind, som har arbejdet indenfor denne branche før. Fornylig har F.L. Schmidt introduceret et nyt arbejdsbeskrivelses-system, som er helt umuligt for arbejderne at læse, hvilket betyder at mange får nerver på, fordi udførelsen af arbejdet nu tager meget længere tid end før. Tillidskvinden forsøger at få indført tegningsforståelse som kursus på virksomheden.

Omkring den 1.12.75 blev der fra firmaet fremsat trussel om afskedigelse af 30 af de ansatte. Årsagen hertil var svigt i ordretilgangen, formentlig p.g.a. fiskernes strejke. Resultatet blev dog, at arbejderne blev sat på fordeling istedet, indtil den forbigående "krise" var overstået. Lidt om Nea-Lindberg i forbindelse med produktion af militærudstyr. Firmaet var med i Seasparrow-konsortiet, hvor det skulle stå for fremstillingen af strømforsyninger og mekaniske komponenter.

Seasparrow er et maritimt raketprojekt beregnet på at forsvare krigsskibe imod angreb fra jagerfly. Systemet er konstrueret med henblik på installation i skibe fra fregatstørrelse op til hangarskibe og består af 8 raketaffyringsramper, som er sammenbygget i en kasse placeret på skibets dæk. Når et fjendtligt fly nærmer sig skibet, spores flyet af Seasparrows radar, som derefter "låses" fast på flyet. Seasparrows datamaskine beregner flyets position og hastighed og affyringsramperne indstilles i overensstemmelse hermed. Herefter affyres en raket imod flyet. Raketten styrer efter de "ekko", som kommer fra flyet, hidrørende fra den radarstråle Seasparrow "oplyser" flyet med.

Seasparrow er en typisk Nato-fællesproduktion udviklet af forskellige fimaer i forskellige NATO-lande. Foruden Nea-Lindberg indgik der af andre danske firmaer i projektet, der blev afsluttet for 4 år siden, Disa og Radartronic. Politisk set har Seasparrow projektet haft stor betydning for Danmarks fremtidige rolle som producent af militært udstyr. Det anses især af USA som en prøveklud for, om dansk industri magter at gennemføre militære projekter i stor målestok. Derfor er det bare om for industriens folk at hænge i, hvis de vil stå sig godt med vennerne på den anden side af Atlanten.

Idag har Nea-Lindberg sammen med Disa og Regnecentralen (producerer datamaskiner til flyvevåbnets varslingstjeneste) dannet et nyt super-konsortium, hvor de i fællesskab forsøger at løse den hidtil største danske elektronik-ordre. Det drejer sig om det amerikanske F-16 kampfly, som skal leveres til de fire NATO-lande: Belgien, Holland, Norge, Danmark og det amerikanske luftvåben. Produktion og levering af komponenter for ialt 1.2 mia. kr., er et led i kompensationsaftalen ved det danske flyvevåbens køb af 58 maskiner. De tre virksomheder udgør tilsammen en stærk konstellation, der er istand til at lave en arbejdsdeling imellem sig på fly-komponenterne. Mens produktionen primært kommer til at ligge hos Nea-Lindberg og Disa, så bliver Regnecentralens rolle i konsortiet at levere avanceret know-how.

RADIOMETER

Radiometer, der er et privatejet firma, startede i 1935 med produktion af måleapparater til den voksende radioindustri. Idag dækker virksomheden fire områder:

1. Blodmåleudstyr direkte til hospitaler.
2. Apparater til brug for den analytiske kemi, laboratoriemålinger på væsker, luftarter osv.
3. Apparater til industriel kemi, f.eks. forurenings-måleudstyr, specielt til måling på spildevand.
4. Teleteknisk måleudstyr.

De 98% af produktionen går til eksport. I 76 lande fordelt over det meste af verden er Radiometer's produkter benyttet på hospitaler, forskningsinstitutter og laboratorier. Hvad angår det teletekniske udstyr til militæret, så har produktionen heraf været helt nede på 20% af hele produktionen. Dette er ikke et udtryk for, at Radiometer har haft en målsætning om at satse mere på de andre områder, men er derimod en virkning af, at konkurrencen har været meget hård på netop de produkter. I andre lande er forsvarsindustrien nemlig blevet støttet af deres regeringer, hvilket den danske regering aldrig har gjort. Det er altså ikke fordi direktøren for Radiometer ikke mener, at det er uhyre vigtigt at udvikle og sælge produkter til militæret, men man har været nødt til delvis at opgive denne produktion, fordi det ikke har kunnet betale sig. (D.R.I. aug. 69). Radiometer er kendetegnet ved en meget høj grad af teknologisk know-how og kvalitetsprodukter. Foruden at have tilknyttet sin egen forskningsafdeling, foregår al innovation og produktudvikling i et nært samarbejde med forskere, der er ansat i statens tjeneste. Elektronik-industrien har ikke den fornødne kapital til at drive grundforskning.

Produktionen er meget konjunkturfølsom, derfor laves der aldrig mere end ca. 100 apparater ad gangen, inden der indhentes nye ordrer. Med de mange forskellige ordrer, og dermed forskellige arbejdsopgaver og funktioner i produktionen, er det nødvendigt at den enkelte arbejder er både flexibel og alsidig, så vedkommende kan flyttes fra det ene job til det andet. Kvinderne laver mest samle- (finmonterings) og loddearbejde, som kræver store manuelle færdigheder + præcision.

Mændene udfører en del pladearbejde, hvor de står ved en maskine, der laver hullerne i pladerne. Maling af plader og alt lagerarbejde udføres ligeledes af mænd.

Ialt er der ansat ca. 900 på Radiometer, hvoraf halvdelen er funktionærer (teknikere). Kvindeandelen udgør ca. 130, resten er ufaglærte og faglærte mænd. Værkførere hører til funktionærgruppen og er månedslønnede. Der er indført flex-tid på virksomheden, hvorved det er muligt for arbejderne at overføre $\pm$ 3 timer til næste lønperiode. Dette system betyder også, at al arbejdstid bliver effektiv tid, sådan at arbejderen nu selv må betale for de afbræk, hun gør i arbejdstiden, såsom at gå til læge, tandlæge etc.

Der findes forskellige former for aflønning på Radiometer, hvor det for kvindernes vedkommende er mest almindeligt med en form for akkordløn. Den mest udbredte er timeløn + jobtillæg + en individuel bonus oveni. På forskningsafdelingen begyndte man i 1974 på at indføre timeløn med fælles bonus for små selvstyrende grupper. I forvejen havde en gruppe mænd allerede fået indført dette system trods voldsom protest, hvilket førte til fyring af ēn med trusler om fyring af flere, hvorefter systemet blev accepteret.

Den individuelle bonus-ordning er en slags kontraktløn, der aftales med den enkelte. Systemet ser sådan her ud: (eks.)

grundløn:	4,98
dyrtid:	11,68
job-tillæg:	4,05
timeløn (= den faste lønandel)	20,71
+ bonus	7,50
I alt	28,21

De fleste arbejdsopgaver er sjældent på mere end 8 timers varighed. På grundlag af tidsstudier og MTM har man herefter fastsat en timefaktor, som bonus'en udregnes på basis af.

Der ikke nogen egentlig oplæring på Radiometer, bortset fra et par timers loddeøvelser den første dag, man er ansat. Den første måned er fast timelønnet, hvorefter man går over på akkord.

I slutningen af 1975 blev der fyret 15 arbejdere, hvoraf den ene som omtalt var klart politisk, men også de øvrige var tydeligvis håndplukkede. De 14 af de fyrede var kvinder.

Nogle af de mest fremtrædende konsekvenser af det ensformige og anstrengende arbejde er: infiltrationer, dårlig ryg, hovedpine, ondt i øjnene p.g.a. anspændtheden, det skarpe lys og lodde-osen.

PHILIPS

Philips er en multinational koncern, der består af udelukkende hollandsk kapital og som har produktions- og salgsafdelinger i mere end 60 forskellige lande. I et nedlagt garveri i den hollandske by Eindhoven, startede ing. G. Philip, med økonomisk støtte fra faderen og senere forretningsmæssig assistance fra broderen i 1891 en produktion af glødelamper. På grund af krisen i 30'erne, hvor landegrænserne i vid udstrækning blev lukket for import, besluttede Philips at etable-

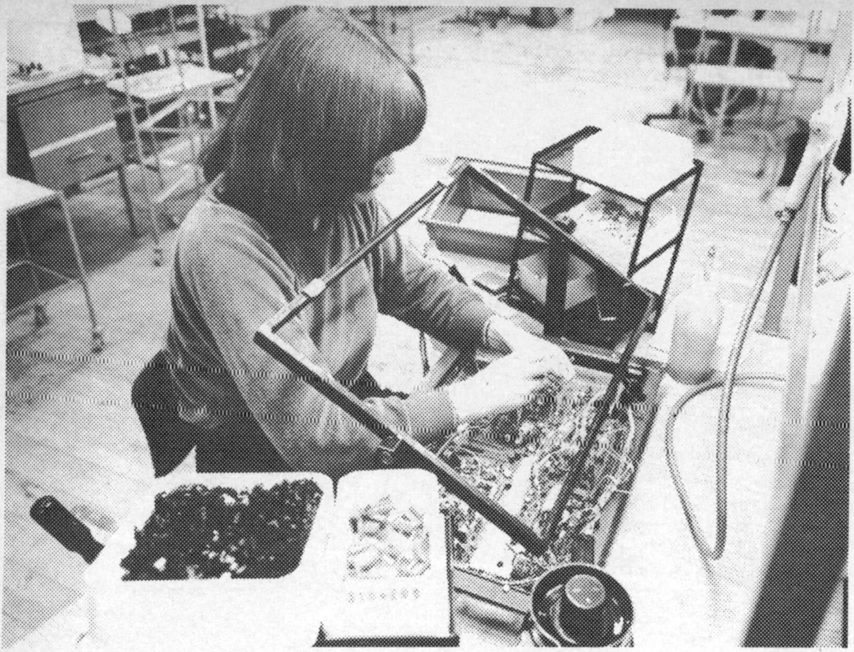

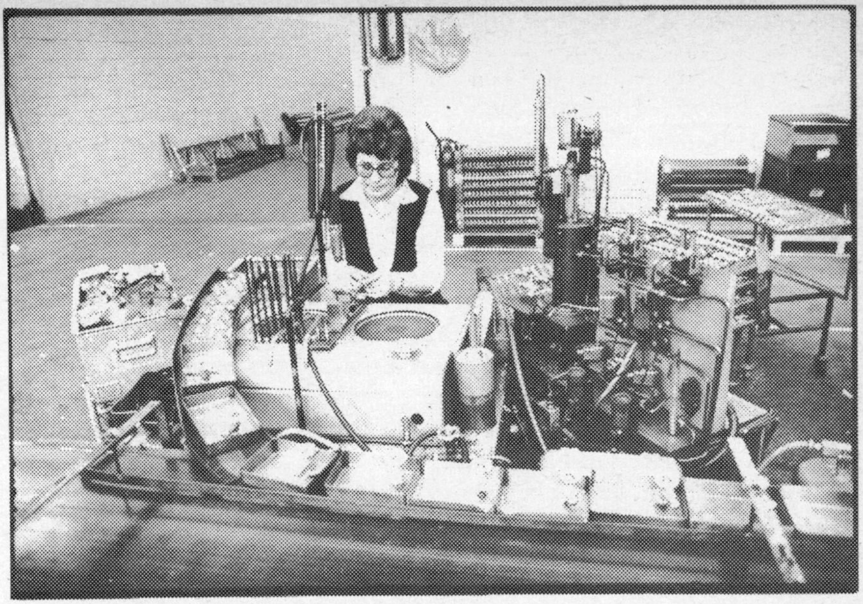

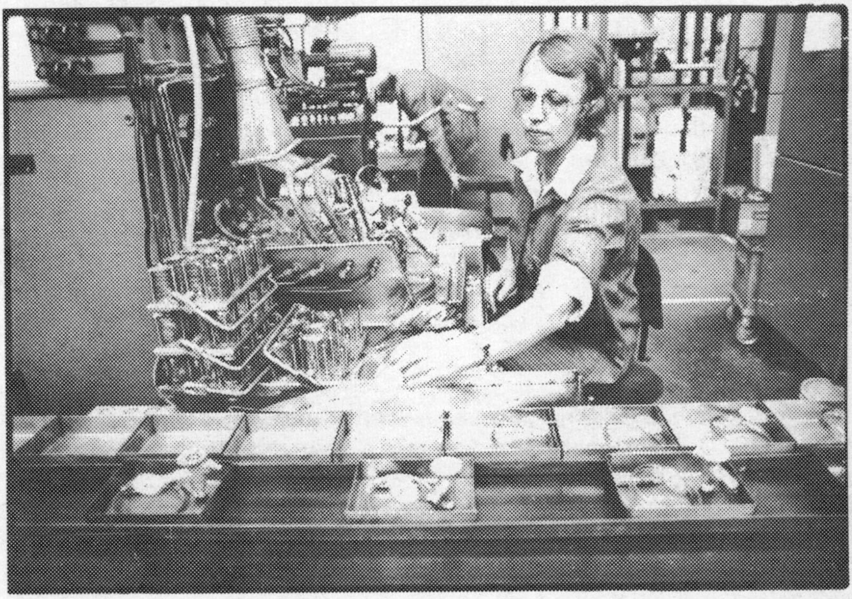

re sig med produktionsvirksomheder i de lande, hvor man ønskede et salg, heriblandt Danmark.

Der eksisterer en udpræget produktionsdeling indenfor koncernen, hvor f.eks. Norge laver sort-hvidt TV, Sverige farve-TV, Finland laver radioer og Danmark står for kanalvælger-produktionen og er dermed underleverandør til de virksomheder, som laver apparaterne helt færdige. (Indtil 1968 har man på Philips i DK lavet både radioer, fjernsyn og andet forbruger-materiel). "Denne udspecialisering af produktionen har til formål at skabe mulighed for større produktionsenheder i de enkelte lande og dermed også en mere intensiv produktudvikling", udtaler adm. dir. S. A. Windelin på Philips-DK (D. R. I., 68). Og det er ikke kun den danske direktør, der er glad for en sådan strukturrationalisering, det er noget man i det hele taget i Philips kapitalkredse er gået meget stærkt ind for. Det er værd her at bemærke, at der lige præcis er blevet rationaliseret så meget, at man stadig har 2–3 virksomheder, som laver det samme, f.eks. laves der i Italien kanalvælgere ligesom i DK. Det betyder selvfølgelig, at hvis der sker noget i et land, så kan produktionen bare flyttes til ét af de andre lande, som står for produktionen af præcis den samme vare, så profitten hermed sikres. "Uro på afdelingen i Italien betyder ikke noget for Philips, man beslutter da blot at overflytte produktionen til os f.eks. På den måde bliver vi strejkebrydere overfor vores arbejdskammerater i Italien, vi kan jo ikke se på en ordre om den først er gået til én afdeling og derefter p.g.a. strejke dér, er blevet overflyttet til os", sagde tillidskvinden på Philips-DK til os.

Hele Philips-koncernen beskæftiger ialt 292.300 mennesker, heraf 87.700 i Holland. I Danmark er ansat 1900 alt personale iberegnet (D. R.I., nr. 5, 69). Antallet af ansatte i DK er dog blevet kraftigt reduceret bl.a. p.g.a. den omlægning, der er sket inden for koncernen. Men også afmatningen i 1974–75 af det internationale marked for radioapparater, transistorer og el-apparater på ca. 25%, kom til at betyde afskedigelse af 60 ud af 300 ansatte i aug. 75. Der gik også rygter om lukning af virksomheden i Danmark.

Idag er der ansat 325, hvoraf ca. 275 er kvinder. Mændene er ikke beskæftiget i selve produktionen af kanalvælgere ligesom kvinderne. De 15 faglærte laver reperations- og vedligeholdelsesarbejde, elektriker, smede- og maskinarbejde. Der er ca. 35 ufaglærte mænd, der har lagerarbejde og "går til hånde ved pigerne" med materiale. Staben af kvindelige arbejdere på Philips er en blandet sammensætning af tidligere hjemmegående husmødre, damefrisører, butiksfolk etc., hvilket er kendetegnende for den del af elektronik-branchen, som er masseproducerende. Her har man ikke i samme grad som indenfor den professionelle produktion brug for folk, som i forvejen kender til faget.

Oplæringen er kort: et 14-dages lodde- og montagekursus, der foregår på virksomheden.

Der er ikke ligeløn blandt ufaglærte mænd og kvinder. De ufaglærte mænd er på ren timeløn + jobtillæg (bl.a. får mændene extra i tillæg for at "gå til hånde" ved pigerne). Kvinderne er akkordlønnede, men har også job-tillæg, (individuel akkord, fælles-akkord, bonusordning el. andet). For nogle år siden blev der indført nye ledelsesformer, selvstyrende grupper, hvorefter fælles-akkorden er blevet den mest udbredte lønform på Philips. Der gives her extra job-tillæg p.g.a. den indbyrdes afhængighed i gruppen. I en sådan gruppe, der består af en 7—8 kvinder, har man ligeløn. "Også muligheden for job-rotation indenfor gruppen gør denne arbejdsform mere attraktiv end førhen, hvor vi stod ved et samlebånd og ikke kunne se hende, der stod nede i den anden ende af båndet, og hvor man heller aldrig så andet end en lille del af det, vi producerede", mener tillidskvinden på Philips.

Grundlønnen for ufaglærte mænd og kvinder er: 26 kr./t., men de fleste kvinder ligger på 28—30 kr./t. og mændene altså en tak højere, da de har mere fordel af job-tillæggene end kvinderne har. For de kvinder, der er på individuel akkord, kan der være en lønforskel på op til 6 kr./t. Hvad angår de personlige tillæg, så varierer de fra 35 øre/t. til 190 øre/t. I nov. 75 kom arbejderne disse forskelle i person- og jobtillæg til livs ved at kræve produktionen delt op i områder, som berettiger til et bestemt beløb i tillæg, der sættes efter en arbejdsvurdering, foretaget på de enkelte områder. Med lidt god vilje kan det sammenlignes med ét af de krav, de italienske metalarbejdere fik igennem ved overenskomsten i 1972/73, nemlig kravet om "ensartet indplacering". En af de vigtige ting her, er nemlig at der nu ikke længere er et virvar af hundrede forskellige løngrupper, men at der er sket en reduktion ned til kun 8 løngrupper, (læs mere herom i SOCIALISTISK POLITIK, nr. 1, 75, art. 2). Altså en tendens henimod en lønudligning blandt arbejderne, men selvfølgelig kun i det meget små, idet akkordlønnen, som er den lønform, der opsplitter og spiller arbejderne mest muligt ud mod hinanden, endnu ikke er afskaffet på Philips.

A. P. RADIO

Firmaet blev oprettet i 1955 i en kælder i Sydhavnen af en ingeniør med nogle ideer og en taxachauffør med lidt penge. Siden blev det vist nok til et familieaktieselskab og flyttede til Hvidovre, men selv da firmaet var vokset til flere hundrede ansatte, beholdt det sit familiære ultraprivate image, eftersom hverken arbejdsgiveren eller arbejderne var organiserede indtil for et par år siden. Først indenfor det sidste år er der kommet tillidsrepræsentanter.

A.P. Radio producerer radiotelefoner til biler og skibe, f.eks. taxaradioer, og nogle meget avancerede anlæg som sætter mandskab på færger i stand til at åbne broklapper ved fjernstyring. A.P. Radio fik i juli 75 en ordre på 26 af den slags radioanlæg fra den norske stat, som ønskede at afprøve dem for evt. at forsyne hele det norske færgevæsen med den slags udstyr. A.P. Radio har desuden en stor produktion til militæret, bl.a. computerstyrede marineradioer til Det norske Sjøforsvaret, og i de to første måneder af 72 havde de ordrer fra Portugal på 7 mill. kr. Den største ordre var fra det portugisiske luftvåben, som på det tidspunkt førte intensiv kolonikrig i Angola og Mozambique. På de danske Vietnamkomiteers top-ti-liste over danske firmaers samhandel med Portugal kommer A.P. Radio ind som nr. 10 i 1972.

60% af A.P.'s produktion går til eksport. Radiotelefoner hører under kategorien professionel produktion, og det er da også typisk, at produkterne hele tiden fornys, og det vil sige, at det drejer sig om meget små serier. Derfor laver nogle af pigerne et produkt helt færdigt, f.eks. en hel skibsradio færdigmonteres af samme pige, hvad der ville være uhørt f.eks. i forbrugerelektronik, at en pige skulle lave en hel pladespiller. Men på A.P. er de selvfølgelig godt tilfredse, eftersom arbejdet bliver interessant og afvekslende.

På virksomheden er der 200 mænd og 100 kvinder, hvoraf de fleste laver almindeligt deloperations-montagearbejde, men hvor nogen altså laver et produkt færdigt. I betragtning af de store og solide ordrer til militær og færgevæsen kan man godt undre sig over, at maksimallønnen for kvinderne er 26 kr. i timen, på grundlag af en mundtlig aftale og et af chefen selv fabrikeret normsystem, eller rettere en slags MTM, hvor chefen har sat et bestemt styk-antal for hvert enkelt arbejde. Tillidskvinden arbejdede på at få det afskaffet og få indført timeløn uden norm, men var bange for simpelthen at opsige aftalen, fordi der så sikkert ville blive indført akkord. Hun havde et besværligt job, fordi hun var den første tillidskvinde i virksomhedens historie.

DECCA

Virksomheden er engelsk ejet, opkøbt for 7—8 år siden. Den blev oprettet i den første efterkrigstid (vistnok). Det er typisk professionel produktion, computere, fjernstyringsapparater og kompas til skibe, og antallet af funktionærer er da også stort i forhold til arbejdertallet: 34 overfor 51. Funktionærerne er beskæftiget i forskningsafdelingen. Der ændres ikke i produktet hen ad vejen — man kører et produkt indtil det er forældet, og omstiller så til et nyt. Der er kun ansat 6 kvinder, som har montagearbejde, og der antages kun rutinerede kvinder.

80–90% af produktionen går til eksport. Hvem aftagerne er, fik vi ikke at vide, men tilsyneladende er der et fast og stabilt forhold mellem producent og køber, for der var regelmæssigt hvert fjerde år et mindre dyk i produktionen, hvilket ikke hindrede, at virksomheden lå over gennemsnittet m.h.t. løn, og at der var indgået mange særaftaler til arbejdernes fordel.

Ifølge tillidskvinden var der samme løn til alle ufaglærte, nemlig timeløn på 35 kr. De faglærte, smedene, skulle ligge 8–10% over byens gennemsnit, og de ufaglærte 8% over gennemsnittet og 10–12% under smedene. Der var også særaftaler for ferieløn, anciennitet og sygeløn. Disse specielle forhold skyldes ikke kun, at firmaet åbenbart har råd til det, men også et godt samarbejde mellem kvinder og ufaglærte og faglærte mænd på stedet, idet de altid finder frem til et fælles forhandlingsgrundlag, før de går i samarbejdsudvalget.

SRT (Skandinavisk Radio og Telefon)

Virksomheden er ejet af B&O og leverer motorer til pladespillere samt en mindre del næsten færdige pladespillere. Det drejer sig altså om én af de små forbrugerproducerende virksomheder, som ikke har kunnet klare sig i konkurrencen, men også før den blev opkøbt, for 3–4 år siden, leverede den udelukkende til B & O.
På virksomheden var der 40 kvinder og 10 mænd, og disse var næsten alle faglærte, dels smede, dels radioteknikere (værkførere). Blandt de ufaglærte var der ligeløn. (Vi havde indtryk af, at de ufaglærte mænd var ungarbejdere). Der var almindelig styk-akkord, og gennemsnitsindtjeningen lå på 28–29 kr. i timen. For kontrolarbejde var der timeløn med bonus. Akkorden, som er typisk for forbrugerproduktion, betød ikke et voldsomt opskruet tempo, for kvinderne var enige om at holde igen og ikke pukle livet af sig. Der så ud til at være et rimeligt arbejdsklima, måske fordi virksomheden er så lille. I hvert fald var det muligt at få særordninger som deltid, senere mødetidspunkt p.g.a. børneaflevering osv.

RADARTRONIC

Virksomheden Radartronic i Århus er én af de mindre specialiserede elektronikfabrikker i den professionelle gruppe, som især producerer til staten, fortrinsvis hospitals- og overvejende militærudstyr. Firmaet blev oprettet som dækfirma for Terma i 1971 for at omgå den danske våbenlov, der siger, at man ikke må producere til forsvaret fra firmaer med udenlandsk kapital.

Moderfirmaet Terma er kendt for sin omfattende militærproduktion især af radarsystemer og andet elektronisk krigsmateriel. Terma leverede da også de såkaldte Zim-anlæg, en radartype, der på falsk udførselsattest blev solgt til Israel i 1970. Det skal kort nævnes, at da denne oplysning kom frem i politisk revy i 1972 udtalte direktøren for Terma, at man overvejede at anlægge sag mod bladet og en politifuldmægtig udtalte samtidig overfor bladet, at justitsministeriet "sandsynligvis ville foranstalte" politiundersøgelse mod Terma. Siden har man ikke i offentligheden hørt noget til sagen. Mere åbenlyst foregik militærproduktionen til Nato i 1974, hvor Terma sammen med Nea-Lindberg og Disa indgik som underleverandører til en ordre på for 29 mill. raketter til Nato.

Dækfirmaet Radartronic producerer da også foruden hospitalsudstyr, de berygtede Seasparrowraketter til Nato (se Nea-Lindberg). Og denne virksomhed er et typisk eksempel på en lille specialiseret underunderleverandør fabrik, der betjener sig af alle de nyeste og mest skjulte og raffinerede udbytningsmetoder og rationaliseringer, der ser ud til at være i arbejdernes interesse. Det er f.eks. såkaldt timeløn dvs. individuel personvurdering med et pointsystem, der begrunder lønforskelle i grader af samarbejdsvilje o.l., samarbejdsformer (idékassebelønning) i form af forskellige samarbejdsgrupper, flextid osv. Og Radartronic har da også godt hold på "sine" ca. 50 "piger", der i julen flyttede ud i nye moderne fabrikslokaler. Fra en pige, der åbenbart tidligere har været ansat på Radartronic, læste vi ved juletid 74 følgende læserbrev (Århus Stiftstidende).

"Let at udrense.

Jeg er én af de mange, som for nylig er blevet fyret uden at være understøttelsesberettiget. Den officielle grund var den sædvanlige "arbejdsmangel", men den reelle grund var den såkaldte "manglende samarbejdsvilje".

Der har ikke været noget at kritisere ved mit arbejde, og jeg har ikke været mere fraværende end gennemsnittet, men driftslederen kunne simpelthen ikke lide mig og var nok "lidt bange" for mig, som mine arbejdskammerater udtrykte det. Jeg mener, jeg er et eksempel på en udrensning af uønskede arbejdere, som sker mange steder i øjeblikket.

En situation med høj arbejdsløshed og derfor en svagt stillet arbejderklasse benytter arbejdsgiverne sig af til at skaffe sig af med uønskede arbejdere.

At min fyring er en udrensning af personlige grunde, kan jeg give flere eksempler på: Samtidig med, at jeg blev fyret, lavede driftslederen aftale om ansættelse af en ny pige, der nu er startet. Desuden er der blevet ansat to efter at jeg startede. Den ene er direktørens niece, der blev ansat på deltid, selv om flere af dem, der har været på deltid før, ikke kan komme det.
At min fyring ikke skyldes manglende ordretilgang, selv om firmaet endnu ikke er i stand til at planlægge produktionen løbende, har værkføreren og driftslederen da også mere eller mindre direkte indrømmet overfor mig, da jeg gik dem på klingen.
Jeg var uønsket, fordi jeg udfra deres synspunkt havde en uheldig indflydelse på mine arbejdskammerater. Jeg gjorde blandt andet opmærksom på, at den flextid, som firmaet var ved at indføre, betød effektiv arbejdstid for arbejdsgiverne, fordi vi selv kom til at betale for læge og tandlægebesøg o.l. ved at arbejde tiden af.
Men den væsentligste grund til, at jeg ikke var "samarbejdsvillig" var nok, at jeg ikke ville gå med til en ganske bestemt mands små charmeudfoldelser overfor vi piger. For at stå sig godt, skulle man faktisk spille rollen som "småforelsket". Når vedkommende en time efter ikke var i humør til den slags, skulle man krybe i et musehul. Det reagerede jeg måske mere åbenlyst mod end andre.
På en så moderne virksomhed som Radartronic, hvor man ellers benytter sig af alskens "arbejderdemokratiske metoder", bruger man altså også den nuværende arbejdsløshedssituation til at sætte uønskede arbejdere på porten.
Under en smuk facade af samarbejde og medbestemmelse skalter og valter man med os, som man plejer. Og mit eksempel står selvfølgelig ikke alene.
Desværre står vi svagt i den nuværende situation, hvor vi både er bange for at miste vores arbejde og samtidig er tvunget til at tjene mere på grund af de stadige prisstigninger. Men ikke så svagt, at vi ikke skal stå sammen og kæmpe for vores rettigheder alligevel og ikke lade os splitte til at konkurrere med hinanden."

Og dette eksempel står som nævnt ikke alene, hvad mange sikkert kan bekræfte af egen erfaring både hvad angår driftlederens charmeudfoldelser og denne form for politisk fyring. Der har i det forløbne år med voksende arbejdsløshed været talrige lignende eksempler. Umiddelbart efter omkring julen 74 var der et eksempel fra Trige-Titan i Odense, hvor den ellers så problemløsende Danø fyrede 30 arbejdere, fordi der var større fremmøde, da mange af pigerne ikke turde blive hjemme, når de var syge, netop af frygt for at blive fyret.

Thrige Titan der er ejet af en større koncern, Thomas B. Thriges fond (råder over 2/3 af aktiekapitalen) med Steen Danø som direktør, hvor Asea (svensk koncern) har 1/3 af aktierne og stemmemajoriteten. Thrige Titan har mange afdelinger rundt omkring i landet blandt andet en afdeling i Ålborg, 2 afdelinger i Odense og desuden er man i øjeblikket i færd med at oprette en fabrik i USA, hvortil man allerede har flyttet en del maskiner fra Odense.

Thrige Titan koncernen har ca. 3.000 ansatte arbejdere, hvoraf langt hovedparten er kvindelige arbejdere. Størstedelen af produktionen er stærkstrømselektronik, dvs. vekselstrømsmotorer og kommunitatorer til disse, og herved er flere af afdelingerne underleverandører til andre af Thriges afdelinger.

Steen Danø er kendt i dansk offentlighed som en kapitalprogressiv herre, der gang på gang har givet indtryk af, at han i hvert fald havde forstand på, hvordan en god kapitalistisk virksomhed skal køres. Og det har da heller ikke på Thrige Titans forskellige afdelinger skortet på rationaliseringer eller overflytning af produktionen fra den ene afdeling til den anden, nu sidst til USA.

Af de 200 mest profitable (overskud i pct. af egenkapitalen) virksomheder herhjemme, ligger Thrige Titan i den bedste fjerdedel, kun B & O af elektronikvirksomheder kommer før. I sept. 75 har Thrige Titan modtaget et lån på 10 mill. kroner fra den europæiske investeringsbank i Luxemburg. Så rent økonomisk og profitmæssigt ser der ikke ud til at være nogle smalle steder.

Men overfor arbejderne fremtræder Thrige Titan som en koncern i krise, der hele tiden må foretage stramninger overfor arbejderne, der faktisk ser det som et spørgsmål, om Thrige Titan er ved at blive slagtet. Og sådan har det været i en årrække, hvor Thrige Titan konstant har presset arbejderne til bristepunktet med dette argument og især i de sidste år har angrebet både løn- og arbejdsforhold hårdt.

Der arbejdes på flere af afdelingerne på 2 skift, samtidig med, at der i øjeblikket arbejdes på fordeling. Ellers er kun smede og funktionærer visse steder på flextid. Der har været rationaliseringer på pauserne, så der er afdelinger, hvor man arbejder 6 timer i træk med kun 2 gange 10 min. pause, og der har været meget kraftige akkord- og tempostramninger over for arbejderne.

Der er på ingen måde tale om ligeløn på Thrige Titan's afdelinger, selv ikke på trods af, at der flere steder er tale om, at kvinderne har overtaget dele af det traditionelle mandsarbejde som stanse, borearbejde ol. Det meste af kvindernes arbejde er meget manuelt rutine arbejde, og det er "særdeles" ensformigt.

I nogle afdelinger har der ikke været lønforhandlinger siden jan. 74 og selvom der er en kraftig modstand mod arbejds- og meritvurdering, går tendensen på flere afdelinger i denne retning foruden traditionelle MTM akkorder, gruppeakkorder og bonussystemer. Disse former for rationaliseringer, der også betyder, at den enkelte skal passe flere maskiner eller klare flere og flere operationer og er hårdt presset ved nøje overvågning af pauser og kontrol med om man kommer for sent, har resulteret i adskillige protester, megen utilfredshed og en del arbejdsnedlæggelser og strejker på flere af Thrige Titan's virksomheder, hvilket igen kontant har resulteret i politiske fyringer. Disse arbejdsforhold er nogle af de groveste, vi har været udsat for i løbet af vores undersøgelse af elektronikindustrier. Thrige Titan arbejderne har da også efterhånden en ret solid strejketradition som svar på de vedvarende angreb.

Vi har foreløbig fået kendskab til følgende: I sept. (3/9) 1969 gik 500 kvinder på Thrige Titan i Ålborg i strejke i protest mod utilstrækkelige materiale forsyninger, der gav ringere akkordfortjeneste. 30 mandlige arbejdere går i sympatistrejke. Ledelsen lægger fortsat et hårdt pres på arbejderne for at få dem til at arbejde over. Steen Danø ville have gennemført overarbejde om lørdagen uden overarbejdsbetaling. Ledelsen indleder forhandlinger.

Den 15/9 besætter 350 kvindelige arbejdere Thrige Titans administrationskontor på Tolderlundsvej i Odense. De nægter at forlade bygningen, før de fra Danø har fået garantier om, at der kommer skred i lønforhandlingerne på akkordområdet. Ligeledes ytrer man som i Ålborg utilfredshed med ledelsens forhandlingsteknik. Ledelsen bøjer sig.

I 1972 gik piger på Thrige Titan i Ålborg i strejke mod ledelsens forhalinger og stædighed i lønforhandlingerne, og i forbindelse med Hope sagen nedlagde de arbejdet og blev lovet nye forhandlinger. Her er nogle udtalelser fra en af pigerne: "I al den tid vi har været på Titan, har vores tillidsfolk ustandselig ført forhandlinger – akkorderne blev sagt op, så tit det kunne lade sig gøre – og alligevel er det begrænset, hvad vi har fået ud af det. Det startede faktisk efter overenskomsten i 1972, hvor vi ikke rigtig kunne finde ud af, hvad den ligelønssnak egentlig var for en fisk. Men vi fandt da ud af, at den reelt ikke havde givet os en skid. Alt i alt, mens vi sloges for bedre arbejdsforhold, fyrede de jævnligt nogen – men først et par måneder efter tog de rigtig hårdt fat – hver fjortendes dag blev der råbt mellem tyve og tredive arbejdsnumre op i højttaleren, de sku' fyres. Hvor var det forfærdeligt, det var simpelthen åndelig tortur, ingen vidste hvem der blev den næste, ingen kunne føle sig sikker".

Arbejderne på Trige Titan's afdelinger i Odense har desuden været i strejke omkring majstrejkerne og i sympati med Svendborg arbejderne i forbindelse med arbejdsretssagerne.

På Mekanisk Elektrisk Compagni i Ballerup producerer man drejeomskiftere og trykknapomskiftere til radioer. Det er altså en udpræget forbrugerproduktion, og samtidig er den typisk ved at være delkomponentproduktion, altså underleverandører. 60% af produktionen går til eksport, og virksomheden har svært ved at klare sig i konkurrencen med udenlandske delkomponentvirksomheder. Fabrikken startede på Nørrebro, men er flyttet flere gange for at ende i Ballerup, hvor der blev bygget en fabrik med plads til 600 ansatte. Hver gang er arbejderne flyttet med, hvilket gør, at de fleste har en lang transporttid til og fra arbejde. Arbejdsdelingen mellem kønnene: kvinderne monterer, mændene udfører kontrol- og overvågningsarbejde, samt arbejder ved stansemaskiner.

Aldersgennemsnittet er højt, og man satser nu på at få unge mennesker ansat. Virksomheden foretager selv oplæring. I 60'erne var der et ret stort gennemtræk, hvilket bevirkede, at man indførte deltidsarbejde, som stadig væk består visse steder. – Kvinderne havde i mange år kørt på akkord, og i 67 indførte ledelsen MTM. Dette gav en midlertidig lønstigning, hvorefter lønnen stagnerede i lang tid. Tillidskvinden gik imod akkordsystemer, mens mange af kvinderne gerne ville bevare dem. I det stille undlod tillidskvinden at genforhandle akkord-grundlaget i op til to år, hvorefter alle blev trætte af akkorden og gik over til timeløn. Derefter blev ens grundløn med forskellige jobtillæg indført. – Al akkorden havde været individuel akkord. Kun en enkelt gang i 60'erne havde man forsøgt med gruppeakkord. Dette blev imidlertid afskaffet, da det skabte for håndgribelig splittelse mellem arbejderne. En gruppe piger kom nemlig korporligt op at slås på båndet, én fik nervesammenbrud og måtte køres på hospitalet.

Den 8. august 1975 trådte firmaet i likvidation, og banken overtog bygningerne. Arbejderne besluttede at køre produktionen videre og opkøbte aktierne. Der er nu i alt 65 aktionærer blandt de ansatte. I alt er 35 funktionærer, 35 ufaglærte mænd, 6 faglærte mænd og 18 ufaglærte kvinder beskæftigede på virksomheden. – De ny ejere har bevidst undgået pressens omtale af overtagelsen. Overtagelsen af Rank Arena i Horsens vakte i begyndelsen kundernes skepsis, og da MEC i høj grad lever af at levere delkomponenter til andre virksomheder (f. eks. til Siemens), ville de hurtigt bukke under for en passiv boykot. Og samtidig kan de ny ejere undgå den slags debatter, arbejderne og venstrefløjen førte i forbindelse med Rank Arenas og Uniprints forskellige kampe mod arbejdsløsheden, og som kunne virke forstyrrende på MEC-arbejdernes forsøg på at hive virksomheden op med hårene. Arbejderne havde selv opkøbt aktier, men havde udefra fået Centralorganisationens støtte til overtagelsen. Banken overtog de store fabrikshaller, og de nye ejere havde lejet sig ind på et lille hjørne af fabrikken. Da vi besøgte MEC, var der gået 4 måneder siden overtagelsen, og ikke ret meget var ændret. Funktionærerne arbejdede, som de plejede, kvinderne monterede stadig, og mændene stod ved stansemaskiner. De eneste ændringer var, at man havde adskilt den mest støjende del af produktionen, stansemaskinerne, fra montagen, og at medarbejderrådet (med 1 repræsentant fra hver faggruppe, samt direktøren) var i færd med at udskifte akkorderne med fast timeløn, samme begyndelsesløn for ufaglærte og én, der var 11 kr. højere for faglærte.

Tillidskvindens og direktørens glade optimisme står i grel modsætning til den virkelighed, MEC skal fungere i. Produktionen er i forvejen meget følsom overfor svingninger i konjunkturerne hos de store koncerner. Produktionsapparatet er lille og ret teknisk uudviklet. I disse internationale krisetider kan man regne med, at enten kører MEC ned med den nuværende aktionærstab, eller også, når arbejderne har banket produktionen godt op (direktørens optimisme?), indtræder større kapital i virksomheden, og fabrikken fungerer på de gamle udbytningspræmisser. Den sidste mulighed understøttes af det faktum, at arbejderne, på trods af timelønnen, pukler hårdt – i "egen interesse". Som tillidskvinden sagde: "Motivationssystemer? – Den slags behøver man ikke at skele til i en medarbejderejet virksomhed".

B&O

På B&O produceres forbrugerelektronik, nærmere bestemt radioer, TV (sort/hvidt og farve, båndoptagere, grammofoner, transistormodtagere og HiFi). B&O er en af de få radio- og TV-fabrikker, der overlevede krisen i branchen først i tresserne. Den ikke alene overlevede, den blev en mængde konkurrenter kvit og fik endnu bedre ekspansionsmuligheder.

Virksomheden er oprettet i 1925 (samme år som Statsradiofonien, dvs. den har været med lige fra starten). Dens udvikling op til i dag har været præget af stadige udvidelser af fabriksareal og arbejdsstyrke (men det ser ud som om de har skåret ned på arbejderne i 74), og af en enorm stigning i produktion og omsætning. I 1960 var omsætningen 41,9 mill. kr., antal arbejdere 643, fabriksareal i alt 11.907 m^2. I 1973 var omsætningen oppe på 400 mill., antal arbejdere 2.365, fabriksareal i alt 103.698 m^2. Ca. en 10-dobling af omsætning og areal, mens arbejdsstyrken er blevet knap 4 gange så stor. Det kunne være interessant at se, hvor meget B&O i årenes løb har modtaget fra staten i egnsudviklingsstøtte! Endvidere må det ha' været en enorm fordel for B & O at den, i kraft af beliggenheden i Struer og omegn, har haft let ved at få fat i billig kvindelig arbejdskraft, som de dels kunne inddrage i produktionen på fabrikkerne og dels udbytte som "hjemmedamer".

"Af de godt og vel 2.000 antal ansatte arbejdere beskæftiges ca. 200 mennesker, fortrinsvis i Struer, som "hjemmearbejdere", der laver montage af småkomponenter. Der er tale om både hjemmegående husmødre, pensionister og handicappede. For mange af dem er det ikke bare et spørgsmål om at tjene en skilling, men også at have noget at gøre. På den måde yder den store Struer-virksomhed også sin "skærv" til revalideringsbestræbelserne i dette land" (citat fra D. R.I., nr. 2, 69).

KAPITEL V. KVINDER I ELEKTRONIKINDUSTRIEN.

Kvindearbejdet i elektronikindustrien

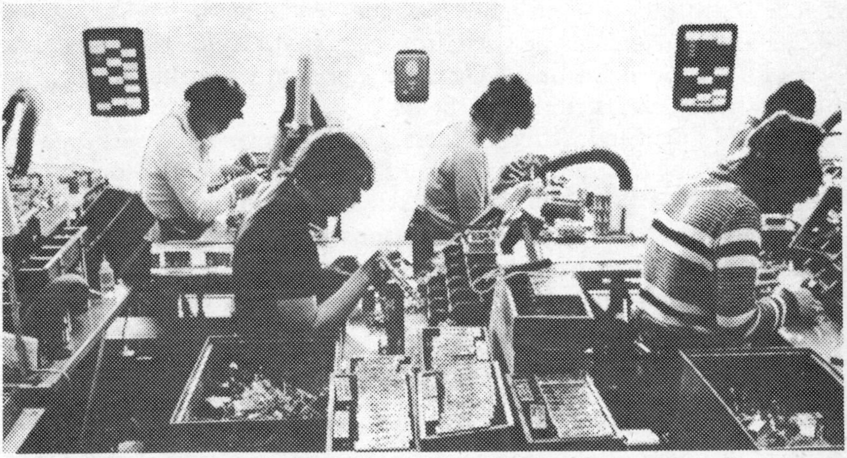

Kvinderne indenfor arbejderklassen har traditionelt som den billigste arbejdskraft været placeret i traditionelle kvindeindustrier. Årsagerne skal søges i den historiske kvinderolles opgaver i hjemmet omkring mad, børn, tøj o.lign., og i den traditionelle udnyttelse af kvinderne som deraf følgende mere ydmyg, fingernem og billigere arbejdskraft. Indenfor kvindeindustrierne har det som regel bedst kunnet betale sig for arbejdsgiverne at anvende den lavtlønnede, manuelle arbejdskraft, der fandt sig i det ensformige, monotone rutinearbejde, snarere end at automatisere og teknisk forny produktionsapparatet. Udviklingen i den danske kapitalisme efter anden verdenskrig betyder udvikling af nye former for kvindearbejde og en tendens til en nyere og anden placering af mange kvinder på arbejdsmarkedet, samt en ny form for arbejdsdeling mellem de ufaglærte kvinder og mænd og i forhold til de faglærte mænd.

Den elektroniske branche er et godt eksempel på denne omfordeling af den kvindelige arbejdskraft på en ny måde, og den er et meget illustrerende eksempel på "moderne" kvindearbejde. I grove træk kan det siges, at automatiseringen af store dele af fremstillingsprocessen indenfor jernindustrien, f.eks. dreje, skære – og stansearbejdet, især i de mere højproduktive og højtteknificerede dele af jernindustrien som f.eks. elektronikindustrien og letmetalindustrien betyder en hurtigere produktion af flere emner og dermed en voksende mængde monteringsarbejde og delproduktionsarbejde. Der fremstilles også mere og mere finmontage arbejde, der kræver fingersnilde og akkuratesse, som især de kvindelige arbejdere har årelange forudsætninger for at udføre.

For det første kan den voksende mængde fremstillingsarbejde og montagearbejde mange gange ikke varetages af mænd, der er optrænede i andre former for færdigheder og med en anden indstilling, og for det andet vil mange mænd ikke drømme om at affinde sig med denne form for ensformigt arbejde. Og endelig er kvinderne altså langt den billigste arbejdskraft til dette arbejde. Man kan sige, at kvinderne trækkes ind i jernindustrien både på grund af deres håndværksmæssige færdigheder og på grund af deres indstilling og ydmyge holdning til arbejdet. Gennem flere års erfaringer i de mere traditionelle dele af elektronikindustrien som masseproduktionen af forbrugerelektronik, tv og radioproduktion, har arbejdsgiverne selvfølgelig nøje bevis for, at de traditionelle former for kvindeegenskaber som fingernemhed, omhyggelighed, akkuratesse og hurtighed er profitabelt. Og herved gøres netop disse egenskaber til genstand for en særlig udbytning og undertrykkelse, når man som følge af disse gode erfaringer trækker flere og flere kvinder ind i de nyere former for elektronikproduktion.

Produktionen i elektronik- og letmetalindustrien organiseres ofte i grovfremstillingsafdelinger, som er dominerede af ufaglærte og faglærte mænd og i montage, finfremstillings (lodde) afdelinger og pakke- og lagerafdelinger som er dominerede af henholdsvis kvinder og ufaglærte mænd. Selve arbejdets art er også vidt forskellig, fra overvågning og opstillingsarbejde samt enkeltmandsbetjening af maskiner til samlebåndsserie eller transportbåndsarbejde i de enkelte afdelinger på virksomheden.

Udgangspunktet for vores analyse, at kvindearbejde stadig er kvindearbejde, i den forstand, at de har det såkaldte "idiotarbejde" og den laveste løn er også holdbar indenfor elektronikindustrien. Og da kvinderne også er den billigste arbejdskraft her som i de traditionelle kvindeindustrier kan det som regel ikke betale sig for arbejdsgiverne at automatisere denne del af produktionen, sålænge kvinderne kan holdes på et lavtlønsniveau. Det gælder i større grad for masseproduktionen end for den professionelle del af elektronikindustrien. I de ekspanderende dele af industrien som elektronikindustrien er der tale om højproduktive industrier i den forstand, at der kræves store investeringer fra arbejdsgivernes side til forskning, maskiner og markedsføring og disse penge skal selvfølgelig tjenes ind så hurtigt som muligt. Men den del af arbejdet som kvinderne udfører i disse industrier er stadig det mest lavproduktive i forhold til produktionen som sådan, dvs. den mindst automatiserede del af produktionen, der stadig stiller krav til håndarbejdssnilde.

Der er altså tale om karakteristiske forskelle i mændenes og kvindernes arbejde og de krav, der stilles til henholdsvis den ufaglærte mandlige arbejdskraft, som ofte bliver specialarbejder og til den kvindelige arbejdskraft, som bliver udsat for personlig vurdering for at forblive i den lavest vurderede løngruppe.

På de 14 elektronikvirksomheder, som vi undersøgte nærmere i København-området er det mest karakteristiske og gennemgående, at kvinderne laver montagearbejde, det være sig både det grovere og finere montagearbejde, hvor man sidder og samler de forskellige dele og komponenter ved lodning eller mekaniske operationer. Det er næsten også udelukkende kvinderne, der lodder i disse industrier, hvadenten det er håndlodning eller loddebade og endelig laver kvinderne også det mindre komplicerede, men trættende enkeltkontrolarbejde, som at kigge henholdsvis de rigtige eller de forkerte, kolde lodninger efter. Det dominerende træk er altså, at kvinderne monterer og mændene har overvågnings- og kontrolarbejde som de faglærte eller pladearbejde og arbejde ved maskiner med stansning, fræsning eller slibning, som ufaglærte. Mange af de ufaglærte mænd, som stadig arbejder i elektronikindustrien, hvor de antalsmæssigt er blevet færre, er blevet specialarbejdere og langt de fleste af de faglærte mænd er blevet efteruddannede som radiomekanikere eller fungerer som andre former for teknikere i kontrol eller tilrettelæggelsesfunktioner. Dette giver en forholdsvis skarp adskillelse mellem det arbejde, der udføres af henholdsvis kvinder og mænd, faglærte og ufaglærte, hvor der stilles vidt forskellige krav til de bestemte arbejdsfunktioner-operationer, som kræves af den ene eller den anden gruppe. Denne adskillelse eksisterer ikke kun i forhold til arbejdets art, men som regel ved en ren fysisk adskillelse i forskellige afdelinger, hvor montageafdelingerne altså udelukkende består af kvinder. Hvis produktionen ikke ligefrem er delt op på afdelinger, er den delt op i forskellige grupper på samme måde, så der er som regel ikke tale om, at kvinder og mænd laver det samme arbejde.

Det meste af kvindernes arbejde er ikke særligt automatiseret, dvs. at der ikke i så høj grad er tale om maskinelt arbejde som blandt mændene, hvilket stiller større krav til kvinderne om manuelle færdigheder og ren fysisk fingerindsats. De fleste af de tillidskvinder, vi talte med, sagde, at produktionen i kvindeafdelingerne eller kvindegrupperne, kunne rationaliseres eller automatiseres yderligere, dels gennem mere maskinelt styrede operationer som f.eks. ved indførelse af loddebadde o.lign. Men dette forhold har forskellig karakter i forskellige dele af elektronikindustrien afhængig af, om det drejer sig om små serier og kvalitetsproduktion eller om masseproduktion. – Det skal i denne forbindelse nævnes, at langt den største gruppe af kvinder indenfor elektronikindustrien da også figurerer under kategorien "montagearbejdere" i arbejdsgivernes lønstatistikker, en kategori, som overhovedet ikke eksisterer for de ufaglærte mænd. I provinsen har man desuden i en årrække kørt 14 dages lodde- og montagekurser for forskellige elektronikindustrier, der hver sender nogle piger af gangen, og i Københavnsområdet har man på flere af virksomhederne selv kørt disse kurser for at få kvinderne oplært. Selv om dette arbejde kræver visse specielle færdigheder, og der på flere af virksomhederne er tale om en forholdsvis lang oplæringstid fra 2 til 12 uger, dvs. forholdsvis større krav end i mange af de traditionelle kvindeindustrier, er disse krav til kvalifikationer langt mindre end for de øvrige specialarbejdergrupper og efteruddannede faglærte arbejdere. Arbejdsgiverne indenfor elektronikindustrien har nemlig fundet ud af, at det er mest hensigtsmæssigt og effektivt at give de kvindelige arbejdere en vis begrænset indsigt og specialviden omkring visse af arbejdsfunktionerne på forhånd eller efterhånden ved hjælp af små kurser. På Nea-Lindberg kører man endog med flere kurser i forhold til de ny arbejdsopgaver, der stiller sig. Det er da også et gennemgående træk i elektronikindustrien, at arbejdsgiverne fortrinsvis tager arbejdere ind (dette gælder især den professionelle produktion), der tidligere har arbejdet indenfor branchen, i dele af den militære kvalitetsproduktion som på DISA endog kun meget rutinerede montagedamer. Selvom gennemtrækket tilsyneladende er ikke så stort som i mange andre brancher, er der dog en relativ cirkulation mellem virksomhederne, i hvert til fælde indenfor Storkøbenhavn, samt et forholdsvist stort antal ældre kvinder, der har været ansat på den enkelte virksomhed eller indenfor branchen fra dens eller virksomhedens start, flere steder i 10–20 år. Selv om man i den store dele af den professionelle produktion i dag ønsker yngre "kvikke" piger er gennemsnitsalderen for kvinderne på de virksomheder, vi undersøgte, temmelig høj, nemlig omkring 35–45 år. Visse steder ligger gennemsnittet endda på 50 år og mange foretrækker kvinder i den modne alder, så længe de kan klare det finmekaniske arbejde.

Det skal desuden nævnes, at der indenfor elektronikindustrien trods alt er et vist skred mellem det ufaglærte mands- og kvindearbejde. Det betyder, at der faktisk, selvom det er undtagelser, er kvinder i denne branche, som i letmetalindustrien i det hele taget, der får arbejde ved maskiner, som stansearbejde o.lign. Da dette jo er et traditionelt mandsarbejde, som kvinderne ofte kommer til at udføre for en lavere løn, opstår der en del grænsestridigheder, når kvinderne bevæger sig ind på dette arbejdsområde. I det hele taget er der indenfor elektronikindustrien eksempler på, at mændene bliver flyttet eller fyret, når disse grænsestridigheder opstår. Men hovedtendensen er, at den store gruppe af kvinder i elektronikindustrien fastlåses i specielle former for kvindearbejde, og at arbejdsgiverne i stor udstrækning netop har satset på at få kvinderne ind i branchen som den mest hensigtsmæssige arbejdskraft til de mest trivielle arbejdsopgaver. Arbejdsgiverne har jo deres måde at argumentere på for at få kvinderne trukket ind til "det renlige og propre" arbejde, men vi vil med denne analyse fastholde, at det er helt andre årsager, der gør sig gældende som kvindernes lavere løn, ydmyge affinden sig, akkuratesse og stabilitet. Der er store ekstraprofitter at hente i denne kvindelige arbejdsstyrke, og kvinderne er ikke så fagligt aktive, fastlåste som de er i den dobbelte arbejdssituation.

De fleste tillidskvinder på de 14 elektronikvirksomheder, vi undersøgte, karakteriserer kvindernes arbejde som forholdsvist ensformigt rutinearbejde, der stiller store krav til omhu, præcision og fingerfærdighed. Langt de fleste svar viser, at kvindearbejdet er monotont, ensidigt og uinspirerende, med visse nuancer, afhængig af, hvilken del af elektronikindustrien, der er tale om.

Masseproduktionen, den mere forbrugerorienterede produktion af radio- og tv-udstyr og komponentproduktionen kan bedst sammenlignes med traditionelt kvindearbejde med hensyn til ensformighed, monotoni og trivialitet. I denne gruppe er arbejdet desuden i højere grad styret af afløsere af det gamle samlebånd som transportbånd, og det meste arbejde er på de traditionelle former for akkord. Det er også denne del af elektronikindustrien, der kræver den korteste oplæring, og som betjener sig af de mere kendte udbytningsmetoder og rationaliseringer som strammet tempo, traditionelle samarbejds- og ledelsesformer. Når det er sagt, skal det dog understreges, at også denne del af elektronikindustrien har undergået en specialisering, der gør, at man trods alt er mere fremskredne i kapitalistiske udbytningsmetoder end store dele af den øvrige industri.

Anderledes forholder det sig med den *professionelle elektronikproduktion* især til hospitaler og militær. I denne sektor er kvindernes arbejde varieret og arbejdsforholdene bedre end i masseproduktionen. Da man i disse former for produktion, der som omtalt tegner de karakteristiske nye strukturer i elektronikindustrien, stiller meget høje krav til kvalitet, præcision og kontrol er der her tale om en række langt mere udviklede og raffinerede udbytningsmetoder, der skal skjule den egentlige udbytning og foregøgle et samarbejdsmiljø og fælles interesser via motivation og tilsyneladende liberalitet overfor arbejderne. Der er her indført en række raffinerede udbytningssystemer, som knap er kendte herhjemme, men afprøvede i mere højtudviklede industrilande som Vesttyskland og USA. Her kan tillidskvinderne godt udtrykke, at kvindernes arbejde er interessant, at man har forskellige former for jobrotation, hvor den enkelte arbejder mange gange har indsigt i større dele af arbejdsprocessen og det færdige produkt. Her anvendes i større udstrækning forskellige former for såkaldt timeløn, der blot er mere tilslørede akkordlønsformer med person- og arbejdsvurdering, der giver point efter de former for samarbejdsvilje og ansvarlighed over for produktionen, som man ønsker af arbejderne. Og i denne del af elektronikproduktionen betjener man sig i højere grad af forskellige former for psykologiske motivationssystemer, der skal øge produktiviteten udfra arbejdernes tro på egen interesse heri. Ordninger som flekstid og andre tilsyneladende liberale systemer er også mest udbredt indenfor den professionelle elektronikproduktion, selvom disse bevægelige arbejdstidsforhold, der i virkeligheden gør al arbejdstid til effektiv tid for arbejdsgiverne, generelt er temmelig udbredte i elektronikindustrien.

Med elektronikindustrien som eksempel har vi i de foregående afsnit forsøgt at illustrere den voksende tilgang af kvinder, som har fundet sted til tidligere traditionelt mandsdominerede brancheområder, især jernindustrien, og vi har forsøgt at karakterisere kvindernes arbejde indenfor denne form for blandede industrier. Vi har konstateret, at kvindearbejde indenfor de blandede industrier stadig er kvindearbejde – ikke i den forstand, at kvinderne som i de traditionelle kvindebrancher varetager arbejde, der umiddelbart ligger i forlængelse af det arbejde, de er opdraget til at varetage i hjemmet, men at kvindernes bestemte arbejdsfunktioner i de blandede industrier stadig begrundes i de karakteristiske "kvindedyder" som fingerfærdighed, udholdenhed, affinden sig osv. Det, at kvinderne varetager helt bestemte arbejdsfunktioner udspringer af kvindernes dobbeltarbejde, ude og hjemme, hvor de er oplært i og selv oplærer den næste generation i disse roller, og den fastholder kvinderne i de monotone, rutineprægede og tempoopskruede former for arbejde. For langt den største del af de kvindelige arbejdere betyder dette en fastlåsning i en kønsbegrundet arbejdsdeling mellem mænd og kvinder på arbejdsmarkedet, og i sine nyere former altså også indenfor den enkelte virksomhed. Kvindearbejde er stadig kvindearbejde i den forstand, at kvinderne for de flestes vedkommende placeres i bunden af arbejderhierarkiet og får det dårligste, mest monotone, ringest vurderede og lavest betalte arbejde. Den traditionelle arbejdsdeling mellem mænd og kvinder på arbejdsmarkedet, der varetager forskellige former for produktion i forskellige brancher eksisterer stadigvæk, men der er altså samtidig en ny tendens, hvor denne arbejdsdeling opretholdes og endda udbygges i nye former i blandede brancher.

Akkordløn

Splittelsen indenfor arbejderklassen har altså med nysammensætningen af arbejderklassen ændret sine former. I det følgende vil vi nøjere undersøge en af formerne for den specielle udbytning af kvinderne indenfor elektronikproduktionen, nemlig akkordlønnen. Det viser sig nemlig at dette udbytningsmiddel, som er det mest karakteristiske udbytningsmiddel i de traditionelle kvindeindustrier, også i højere grad tages i anvendelse over for kvinderne i elektronikindustrien end for mændene. Det betyder ikke, at de mandlige arbejdere ikke er udbyttede, men at de kvindelige bliver det på en kønsspecifik måde. En beskrivelse af en typisk kvindearbejdsplads i den danske elektronikindustri vil give et indtryk af dette. Eksemplet Ortofon er typisk for merudbytningen af kvinderne, for pacificeringen som følge af den opsplittede og individualiserede arbejdsproces og aflønningsform. Samtidigt belyser eksemplet, at det for kvinderne ikke synes at være noget alternativ at afløse de produktivitetsfremmende lønsystemer med ren timeløn.

Ortofon

Ortofon er et karakteristisk eksempel på den højtudviklede del af den elektroniske industri. Mest amerikansk kapital. Har både afdelinger i Japan, hvor der produceres hi-fi materiale og to afdelinger i Danmark. 1 i Hørning, hvor der produceres højttalere, 1 i Vanløse, hvor der produceres pick-up'ere og tonearme. Altså delkomponentproduktion til forbrugerelektronikken. – Samtidigt er den et eksempel på misbrug af egnsudviklingsloven. Selv om ordrerne strømmede ind, blev 51 arbejdere og funktionærer for nyligt fyret fra fabrikken i Vanløse og hele produktionen af pick-up'er og tonearme flyttet til Nakskov, hvor den gennemsnitlige timeløn på dette tidspunkt lå 6,50 kr. under den i København. Et ikke atypisk eksempel fra den elektroniske branche, hvor størstedelen af tilgangen af kvinder er foregået i provinsen med egnsudviklingsstøtte.

I produktionen i Vanløse var beskæftiget 26 ufaglærte kvinder, 15 ufaglærte mænd og ca. 15 faglærte mænd. De faglærte mænd varetog kontrol- og udviklingsarbejde, de ufaglærte lavede rør og gevind, borede, fræsede, justerede pick-uperne. Kvinderne derimod var udelukkende beskæftigede i montagen, som er yderst specialiseret, sådan at kvinderne udførte hver deres specifikke arbejdsfunktion. De arbejdede enkeltvis og siddende, og kun få kvinder lavede det samme. Arbejdsprocessen var yderligere præget af krav til akkuratesse, præcision, omhyggelighed, – "meget fint håndarbejde" som tillidskvinden beskrev det. Kvinderne blev oplært til at udføre en bestemt arbejdsfunktion og ikke andre. Konsekvenserne af dette specialiserede montagearbejde blev nævnt at være en udpræget monotoni, rygsmerter, belastning af synet, hovedpine. – I sammenhæng med disse specialiserede arbejdsfunktioner blev kvinderne i lang tid aflønnede efter et ligeså individualiseret lønsystem, der, samtidigt med at det forhøjede produktiviteten, vanskeliggjorde solidaritet mellem kvinderne. I modsætning til både de ufaglærte og de faglærte mænd, der altid havde været på timeløn, arbejdede kvinderne på tidsstuderede akkorder på aftalebasis. Eftersom hver kvinde lavede sin specielle deloperation i processen der førte frem til det færdige produkt, var der et virvar af forskellige akkordsatser og dermed af lønniveauer. "Hvert arbejde sin kodebetegnelse". Akkordgrundlaget blev forhandlet individuelt mellem værkføreren og den pågældende arbejder. Det gjorde hende svagere stillet i en forhandlingssituation og et lettere offer for manipulation, med henvisning til de indviklede udregningssystemer. Det siger sig selv, at dette lønsystem gav grobund for anspændelse og stress og for en konkurrence mellem kvinderne. – I vinteren 1972/73 blev akkorden afskaffet af ledelsen til fordel for en ren timeløn. På det tidspunkt lå denne 4 kr. under gennemsnittet for de ufaglærte mænd (i København). Arbejdsgiverens motivation for timelønnen var naturligvis ikke den opståede splittelse mellem arbejderne, men må ses i sammenhæng med, at den høje intensitet, psykiske anspændelse, kvinderne måtte anlægge, hvis de ville holde en rimelig dagløn, forringede varernes kvalitet. – Hvad overgangen betød lønmæssigt, kan man se af, at i den periode, hvor overgangen skete, steg afd. 5's gennemsnit med 2,7 kr., Ortofons derimod kun med 1,7 kr., altså 1 kr. mindre (regnet fra oktober kvartal 1972 til april kvartal 1973).

I forbindelse med ligelønnens indførelse på papiret krævede kvinderne på Ortofon i 73 ligeløn for alle ufaglærte. Tillidskvinden stod i denne situation fuldt og helt på ledelsens side og kørte en afværgemanøvre med "tilbud" om dyrtidens indregning i forhøjelsen. Derfor er det svært, udfra hendes referat, at udrede trådene i konflikten. I hvert fald blev satserne det samme, men om det blev til reel ligeløn, ved vi ikke.

Før vi ser på akkordens anvendelse i elektronikken, vil vi se på dens generelle funktion. – På det kapitalistiske samfunds overflade ser det ud, som om lønnen er en bestemt mængde penge, der betales for en bestemt mængde arbejde. Der står da også i DA's og LO's pjece fra 1967 om produktivitetsfremmende lønsystemer, at ren akkord er en aflønningsform, "hvor der er 100% afhængighed mellem arbejdsindsats og indtjening, idet lønnen alene afhænger af, hvor stor en arbejdsmængde, der præsteres".

Dette er ikke nogen fiks ide, men en fordrejning, der har sit materielle grundlag i selve lønarbejdets og kapitalismens eksistens. I praksis tjener den den funktion at tilsløre den reelle udbytning af arbejderklassen. – "Arbejdet" er ikke en vare, man kan købe eller sælge. Det, arbejderen i virkeligheden sælger, er sin arbejdskraft, og det, han i virkeligheden aflønnes efter, er ikke arbejdets værdi, men værdien af sin arbejdskraft. Dvs. værdien af de goder, (bolig, uddannelse, tøj, mad, bil etc.) der skal gøre arbejderen i stand til, dag ud og dag ind, at levere merværdi til arbejdsgiveren. Lønnens højde afhænger dels af, hvor meget tid, der gennemsnitligt er nødvendigt for at producere de nødvendige goder, dels af arbejderklassens styrke. Også staten har en stor indflydelse på reallønnens højde, f.eks. via skatterne. – Værdien af de varer, en arbejder producerer, har ikke noget at gøre med lønnens højde. Varernes værdi afgøres derimod af, hvor meget tid, der skal bruges for at fremstille dem. – Humlen i dette, og det reelle bag ovenstående citat, er, at arbejderen bliver tvunget til at arbejde længere tid, end det ville være nødvendigt, hvis det bare drejede sig om at reproducere hans egen arbejdskraft. På den måde tilegner kapitalisten sig stadig større værdier i sin egen lomme. Udgangspunktet for lønkampe kan således ikke være, hvad det arbejde, arbejderen tilfældigvis bliver sat til at lave, er værd for kapitalisten, men et spørgsmål om hvad arbejderen kræver for at kunne leve, og leve bedst muligt.

Arbejdsgiverne og de borgerlige partier forsøger at legitimere ulige-lønnen mellem ufaglærte mænd og kvinder ved at henvise til, at mændene er forsørgere, og kvindens løn derimod kun er en biindtjening. Sådan oplever mange kvindelige arbejdere det også. – Men for arbejderkvindernes vedkommende er der ikke noget grundlag for at argumentere på den måde. I USA og Vesttyskland er der lavet undersøgelser, der viser, at kvindens løn er lige så nødvendig for familiens opretholdelse som mandens, og at en arbejderfamilie med flere børn ikke kan opretholde livet, med mindre begge parter har heltidsarbejde ude. Herhjemme har Socialforskningsinstituttet i "Arbejdsmarkedets marginalgrupper" påvist, at det altid har været nødvendigt for arbejderkvinder at have udearbejde. At en tredjedel af alle kvinder i den erhvervsdygtige alder (510.000) er enlige, og heraf 50.000 forsørgere, afslører yderligere hulheden i argumenterne. Grunden til, at der så *er* uligeløn, hænger sammen med arbejderkvindernes generelt svagere stilling overfor arbejdsgiverne, som bunder i deres dobbelte afhængighed af dem; i produktionen at levere merværdi (med det dårligste arbejde) og i familien at varetage opretholdelsen og reproduktionen af egen, mandens og børnenes arbejdskraft. Kvindernes manglende faglige og politiske kamptraditioner, og deres primære identifikation med arbejdet i hjemmet hænger også sammen med det. Omvendt virker kvindernes lavere aflønning jo direkte som en tvang til at gifte sig. Og som også tillidskvinderne gjorde opmærksom på, fastlåser grænserne for sociale støtteordninger ofte kvinderne i en lavtlønsposition. Den senere tids manglende pristalsregulering af boligsikringen og stramningerne af indtægtsgrænserne på daginstitutionsområdet virker som et indirekte løntryk. Det peger på, at kvinderne også må tage kampen mod udbytningen op på områder, der ligger uden for fabriksporten.

De produktivitetsfremmende lønsystemer er det mest karakteristiske middel til udbytning af kvinder i industrien. – Hvor arbejdsgiveren under den rene timeløn kun havde et middel til at motivere arbejderen til at pukle mere, nemlig den åbenlyse kommandovej gennem værkførere og formænd, har akkordlønnen den fordel for kapitalisten, at arbejderen for at få mere i løn, gøres interesseret i at produktiviteten forhøjes. Derved tilsløres de egentlige modsætningsforhold, mellem arbejderens interesse i at opretholde sin arbejdskraft i så god stand som muligt, og arbejdsgiverens i at presse den så meget som muligt. Dels forhøjer altså akkorden vedvarende arbejdsydelsen, dels disciplinerer og splitter den arbejderne, ved at foregøgle dem, at de har samme interesser som kapitalisten. Klager over for lav løn kan arbejdsgiveren affeje med, at det jo er op til den enkelte, hvor meget hun vil tjene. – Individuelle akkorder bevirker, at de personlige og aldersmæssige forskelle mellem arbejderne udnyttes til at spille dem ud mod hinanden. Nogle arbejdere er hurtige og holder fast ved akkorden, andre er langsomme, oplever sig selv som "dårlige" arbejdere, eller ønsker akkorden afskaffet. En tillidskvinde, vi talte med, havde en ret usædvanlig løsning på det problem. Hun nægtede simpelthen i en længere periode at genforhandle akkorden, indtil selv de hurtigste arbejdere, der før havde været tilhængere af akkorden, krævede fast timeløn i stedet for. De få stykkers accept af akkorden kunne imidlertid kun brydes, fordi alle de andre var indstillede på at afskaffe akkorden. – Hvad angår gruppeakkorder, kan de have den bagdel, at de langsomste og ældste arbejdere strittes ud af arbejdskammeraterne selv. Psykiske sammenbrud og et enkelt tilfælde af korporligt slagsmål mellem arbejdere hørte vi om i forbindelse med gruppeakkorder.

Akkorder i en eller anden form har været anvendt i industrien siden kapitalismens opkomst, men først i begyndelsen af 60'erne gik fagbevægelsen i brechen for dem sammen med arbejdsgiverne under den samlede varebetegnelse "produktivitetsfremmende lønsystemer". Højkonjunkturen gav grobund for Socialdemokratiets politik, via partiet og fagbevægelsen hhv. at forøge den kapitalistiske produktion og sikre arbejderne en "rimelig" andel i den. At de nye lønsystemer uundgåeligt ville medføre en øget nedslidning af arbejderne og hindre deres forsøg på at stå samlet overfor arbejdsgiverne blev ikke diskuteret fra den kant. Fagbevægelsens kritik af lønsystemerne går da heller ikke på principperne i dem, sammenhængen mellem løn og produktion, men på enkeltvirksomheders anvendelse af dem, unøjagtige målinger osv.(1). Det alvorlige dilemma opstår for arbejdsgiverne og socialdemokratismen, når arbejderne ikke længere oplever at der er noget forhold mellem ydelse og aflønning, når de ikke længere oplever, at lønforhøjelserne kan give nogen erstatning for den øgede psykiske og fysiske nedslidning, de produktivitetsfremmende lønsystemer bevirker.

På trods af arbejdsgivernes åbenlyse fordele i akkordsystemet, blev den paragraf i hovedaftalen fra 1960, hvori akkordsystemet blev anbefalet af parterne, strøget i den nye hovedaftale fra 1973. Årsagerne til, at de traditionelle akkorder generelt er på retur er at finde både i de sociale og styrkemæssige forhold mellem klasserne, og i produktionstekniske hensyn.

Hvilken lønform, der på et givet tidspunkt anvendes, afhænger dels af styrkeforholdet mellem klasserne, dels af produktionens tekniske stade. Hvad angår det sidste taler flere elementer i den kapitalistiske arbejdsproces' udvikling mod fortsat anvendelse af traditionel stykakkord. (Det vil her sige de mest udviklede dele, der tjener som rettesnor for de andre, f.eks. elektronikindustrien). Den oprindelige stykakkord byggede på en motivering af arbejderen i forhold til produktionens mængde. Det stadigt dyrere produktionsmaskineri nødvendiggør fra kapitalistklassens synspunkt, at arbejderen får større teknisk indsigt og lærer at omgås/påvise fejl i maskineriet. Derfor må andre kvalifikationer end "hurtighed", f.eks. "ansvarlighed" aflønnes. I takt med den voksende tekniske sammensætning udvides arbejdsdelingen i samfundet og produktionen. Det, at produktionen deles op på mange afdelinger og brancher, bevirker, at der opstår et nødvendigt behov for stram koordinering af produktionen, sådan at produktionsprocessen kan foregå flydende. Den større kapitalkoncentration bevirker desuden, at det bliver mere og mere kostbart med et afbræk

1) En gennemgang af LO's blad "Løn og Virke" fra 60'erne viser, at hvor fagbevægelsen i begyndelsen argumenterede for prod.frem.lønsystemer med henvisning til, at de ville medføre metodeforbedringer for arbejderne, måtte de 3 år senere, da enhver kunne se, at det ikke var tilfældet, rette deres kritik mod systemernes unøjagtige anvendelse.

i processen. Alt i alt er der et behov for, at produktionen omfangsmæssigt og forløbsmæssigt kan planlægges på forhånd. – Maskineriet har udviklet sig sådan, at en sådan præcision kan opnås, men det betyder samtidigt, at arbejderen ingen indflydelse har på produktionsforløbet og hastigheden. Dermed bliver akkordens traditionelle funktion, at motivere arbejderen til at øge hastigheden, brudt. I stedet bliver indført nyere og mere raffinerede lønformer, der på trods af, at de alle viderefører det grundlæggende i akkorden, afhængigheden mellem præstation og løn, kaldes timeløn og i statistikken figurerer som sådan. Det gælder ændrede former for akkord som bonus, kontraktløn, arbejds- og meritvurdering, kombineret med andre former for motiverings- og effektiviseringssystemer, flekstid, selvstyrende grupper, 50 kr. mere om ugen, hvis man i løbet af ugen ikke kommer 1 minut for sent, etc. Det er karakteristisk, at disse ændrede former er mest udbredte i den professionelle del af elektronikken, hvor produktionen er mest afhængig af kvalitet og mest ordre-styret.

Arbejdernes modstand mod akkorden spiller imidlertid også ind for, at den er på retur for tiden. Kampe mod forringelse af akkorden er ofte set i Danmark, men kampe mod akkordprincipperne er endnu ikke så udbredt herhjemme, og der hvor de har været, har det mest været blandt de faglærte arbejdere (jvf. Sabroe-smedenes kamp mod tidsstudierne). Selv om den ikke kommer åbenlyst til udtryk, eksisterer modstanden dog. F.eks. lykkes det tit arbejderne i solidaritet at lægge et loft over akkorden og dermed blokere dens tiltænkte funktion. Kampe mod enkelte tidsstudieeksperter er i virkeligheden også udtryk for modstand af denne art. – På et weekendkursus, som KAF's afd. 5 holdt for et par år siden om produktivitetsfremmende lønsystemer, blev holdningen til akkorden blandt de tillidskvinder og arbejdere, der var til stede, formuleret som et klart nej. Når de anvendte lønsystemer indenfor elektronikken alligevel indeholder mange af akkordens grundlæggende elementer, hænger det bl.a. sammen med, at arbejdere og tillidskvinder stadig accepterer hensynet til den kapitalistiske produktion. Man har også fortalt os, at indførslen af de nye systemer i elektronikken oftest sker på den måde, at arbejderne klart opsiger de gamle akkorder, uden dog at have et præcist alternativ. Hvorefter arbejdsgiveren falbyder de nye og "videnskabelige" systemer, der med deres raffinerede udregningsmetoder ofte er umulige at gennemskue for arbejderne. Systemerne falbydes under henvisning til deres succes andre steder, hvilket der også ligger taktik bag. Det er ikke noget tilfælde, at Danfoss først igangsatte motivationsforsøg på sin Als-afdeling, hvor modstanden hos arbejderne kunne formodes at være mindre end f.eks. i Århus. Arbejderne på Als er nemlig fornyligt afvandrede fra landbruget eller stadigt beskæftigede der, og som sådan opfatter de sig først og fremmest som landmænd.

Derudover spiller de synlige konsekvenser af de traditionelle akkorder også ind for at de er på retur. De skadelige fysiske og psykiske konsekvenser af akkordsystemet er blevet så omfattende, at fagbevægelsen ikke længere kan ignorere dem. I mange brancher er intensiveringen af arbejdet ved de produktivitetsfremmende lønsystemer ved at nå grænserne for den menneskelige arbejdskrafts ydeevne. Socialforskningsinstituttets Miljørapporter, hvis fremkomst i sig selv er et udtryk for den øgede nedslidning, sammenfatter resultaterne i flg. tabel:

Lidelser	*% af LO-medlemmer*
Øvre rygmuskelsmerter	29
Stress	27
Lændesmerter ved løft	26
Hovedpine alm.	21
Smerter i håndled og arme	19
Kolde fødder	18
Øjensvien	18
Ofte forkølet	17
Søvnbesvær	17
Nervøs-uligevægtig	17
Smerter øverst i maven	16
Smerter knæ, hofteled	16
Konstant træt	16
Åndenød ved anstrengelse	14
Hovedpine med synsforstyrrelse	13
Sex-problemer	11
Nedsat hørelse	7
Eksem, hænder-arme	7
Angstfald	6

Samtlige svarpersoner gav lidt under 5 symptomer pr. person. Naturligvis arbejder ikke alle LO's medlemmer i industrien og på akkord. Men sammenhængen mellem akkord og helbred siger rapporten også noget om: "Der er konstateret en sammenhæng mellem den tidsstuderede enkeltmandsakkord, stress, arbejdsulykker, dårligt trivsel og dårligt helbred, siger undersøgelsen. Denne lønform ligger ofte også bag det monotone, hurtige arbejde som en vigtig forudsætning", (p. 91). Man konstaterer, at forekomsten af arbejdsulykker er mere udbredte blandt akkordlønnede end ved timelønnede. Rapportens forfattere spørger sig selv, om der er nogen sammenhæng mellem trivsel og lønform. Tendensen i undersøgelsen er, at akkordlønnede generelt har lavere "trivselsindeks" end time- og fastlønnede. Og følgende citat siger noget om de sundhedsmæssige konsekvenser af kvindernes dobbelte udbytning og svagere stilling overfor kapitalistklassen: "at de dårligst stillede med hensyn til trivsel og stress for en stor dels vedkommende er kvinder, de/de dårligst stillede generelt har i vidt omfang ingen eller kun en ringe uddannelse; de bruger for en stor dels vedkommende medicin flere gange om ugen, de har i højere grad end andre været udsat for arbejdsulykker, de har for en stor dels vedkommende lav anciennitet i den virksomhed, de arbejder på, de arbejder ofte på skifteholdt, de har for manges vedkommende tidsstuderede akkorder, og de ville ofte foretrække en anden arbejdstid og et andet lønsystem end det nuværende".

Om de forskellige lønformer

De tidligste akkordformer var de såkaldte *forhandlingsakkorder* eller slumpakkorderne. Arbejderen eller arbejderne aftalte med værkføreren, at på så og så lang tid kunne de lave så og så meget, og akkorden blev sat ud fra det. Disse akkorder var relativt lettere at gennemskue end de senere. Næstformanden for afd. 5 sagde da også:

> "De tidsstudie-systemer, vi har fået og har kørt med hele perioden gennem tresserne, har faktisk betydet, at den enkelte arbejder er blevet inaktiv mht. at forhandle løn, fordi man slet ikke har kunnet gennemskue disse indviklede systemer, hvor man bare har fået at vide, så meget skal du lave. Førhen havde vi den forhandlingsakkord, hvor den enkelte selv forsøgte at beregne den løn, hun ville have, hvorefter hun gik til værkføreren og forhandlede med hende, og udfra denne forhandling fik fastsat sin pris. Nu har kvinderne derimod den opfattelse, at det er tillidskvinderne, der skal ordne sagen for dem, og på den måde bliver den enkelte kvinde mindre aktiviseret i sine lønforhold" (båndudskrift).

Indførelsen af stopur i akkordfastsættelsen i slutningen af 50'erne og begyndelsen af 60'erne tjener flere af arbejdsgivernes formål. Illusionen om, at arbejderen får betaling for det ydede arbejde videreføres, og profitten forhøjes uden investeringer i maskineri. "Vi ved, at det kræver 20.000—40.000 kr. og tit mere i maskineri og andet udstyr at opnå en besparelse, der svarer til et "mand-år". Men erfaringerne viser os, at den samme besparelse tit kan opnås ved at investere 6000—10.000 kr. i arbejdsstudier", siger formanden for Dansk Rationaliserings Forening i 1960 i en artikel med overskriften "Virksomhederne uden undskyldning for ikke at bruge arbejdsstudier". Samtidigt er tidsstudierne et velegnet disciplinerings- og motivationsmiddel i en højkonjunktur; "Risikoen for arbejdsløshed er ikke længere nogen dominerende ansporing for arbejdsindsatsen", skriver "Arbejdsgiveren i begyndelsen af 60'erne.

Tidsstuderede akkorder indebærer en tidsstudietekniker med et stopur. Han måler, hvorlænge arbejderen er om at udføre hele arbejdsprocessen og foretager derefter en arbejdstaktvurdering, dvs. en vurdering af, hvorvidt arbejderen arbejder i "normalt" tempo eller ej, og det er som bekendt oftest den hurtigste arbejder, der bliver vurderet som sådan. Vurderingen er subjektiv udfra tidsstudieteknikerens skøn, og den får sammen med selve tidstagningen tit de ulmende klassemodsætninger til at slå ud. I tidstagningen udspilles en stille kamp mellem arbejderne, der arbejder i det tempo, de har aftalt med arbejdskammeraterne, og teknikeren, hvis job det er at øge tempoet. Selve manden med stopuret legemliggør for arbejderen kapitalistens kommandoret over arbejdet: "Jeg synes ikke, de behøver at tage tid, og i hvert fald ikke på den måde. Der var ingen af os, der kunne lide at få taget tid". "Efter 1/2 times forløb kunne jeg ikke tåle nervepresset mere, smed, hvad jeg havde i hænderne og løb grædende min vej". "Der blev taget tid på mig flere dage i træk. Jeg følte selv, at det var en slags straf, fordi jeg havde tilladt mig at sige, at akkorden var meget dårlig". (Arbejderudtalelser fra "Rationaliseringen og dens virkninger"). – Tidsstudierne vedrører kun arbejderens bevægelser, og det betyder, at hver gang, der sker en 5%'s ændring i arbejdsprocessen, skal akkorden nyforhandles og processen gentages med de samme styrkeprøver.

En videreudvikling af den tidsstuderede akkord repræsenterer de amerikanske *standardelementtidssystemer,* hvoraf det mest kendte er MTM-systemet. Det implicerer en videnskabeligt udregnet svedudpresning og åbner muligheden for effektivisering af selve arbejdsprocessen. Samtidigt undgår ledelsen de konstante konfrontationer med arbejderne. Normgrundlaget udregnes nemlig udenfor fabrikshallen, og det færdige resultat serveres for arbejderne som "den internationale videnskabs resultater".

Alle arbejdsprocesser opdeles i en række grundbevægelser, internationalt fastlagt 21 (f.eks. "gribe", "slippe", "øjeindstilling", "øjeflytning"), og for hver af disse bevægelser er der også internationalt fastlagt en tidsværdi, "en tid, som det videnskabeligt set tager at udføre bevægelsen". – I de internationale tidsværdier ligger naturligvis en fastsættelse af et fra arbejdsgiverne ønsket tempo, og klager over for for hurtigt tempo kan ledelsen så henvise til denne internationale videnskabelighed.

Ved udarbejdelsen af normtiderne, dvs. de tider, der er fastsat på forhånd, er den *samtidige* udførelse af bevægelser, bevægelses-kombinationen, af stor betydning; den muliggør den maximale samtidige anvendelse af hoved, hænder og fødder; hertil kommer, at uproduktive hvilepauser fjernes. – Der behøves altså ved MTM ikke ret meget andet end en arbejdsbeskrivelse, og ved skrivebordet kan teknikeren rationalisere processen og specialisere produktionsprocessen yderligere, uden indsigelser fra arbejderne. Den fortætning af arbejdsbevægelserne, som sker ved MTM-systemets anvendelse forhindrer, at man virkelig lægger mærke til den totale udmattelse. Som det hedder i en Philips-reklame for automatiske tidstagningsapparater: "De må opnå højere styktal! De kan! ... *Han* bliver først træt efter fyraften".

Efterhånden som produktionsprocessen udvikles mere og mere, bliver de bestemte kvalifikationer, arbejderne har, urentable for arbejdsgiveren, som derfor ikke vil aflønne dem. Arbejderen mister mere og mere herredømmet over produktionens tilrettelæggelse og hastigheden, samtidigt med at arbejdsbetingelserne til en vis grad gøres mere ensartede. Aflønning på basis af *arbejdsvurdering* gør, at kun de kvalifikationer, produktionsprocessen stiller, aflønnes, samtidigt med at splittelsen mellem arbejderne opretholdes og uddybes. Statistisk kan man se, at i de lande, som kapitalistisk teknisk er højst udviklede, (f. eks. USA) vurderes faktoren uddannelse lavest i arbejdsvurderingssystemerne.

Efter beskrivelsen af, hvilke krav, den enkelte arbejdsproces stiller til arbejderen, afgøres vægtningen af de forskellige faktorer og prisen på dem, ved forhandling. Det, at det kun er "arbejdet", der vurderes, giver systemet et objektivt skær, der tilslører, at vægtningen i virkeligheden kunne være helt anderledes. I praksis viser det sig nemlig, at det arbejde, der før arbejdsvurdering var det dårligst betalte, bliver ved at være det, samt at de specielle belastninger, der følger af kvindernes arbejde, monotoni, psykisk belastning, stadig vurderes lavest. Lavtlønsproblemet fastholdes, bare på en mere raffineret måde, der splitter de lavtlønnede yderligere op i en konkurrence om de bedst vurderede jobs.

Enkelte steder i fagbevægelsen blev kravet om ligeløn i sin tid kombineret med kravet om arbejdsvurdering, idet man regnede med, at denne aflønning efter jobbets krav ville udviske skellet mellem mands- og kvindearbejde. Praksis viser imidlertid, at det modsatte er tilfældet. Arbejdsgiverne opnår at fastholde ekstraprofitten, sikre roen på arbejdspladsen, at splitte arbejderne op ved at få dem til at konkurrere om de jobs, der har de bedste tillæg.

Samme splittelses- og disciplineringsfunktion ligger i løn efter *me-*

ritvurdering eller personvurdering. Det eksempel på meritvurdering der er afbildet fra en jysk plasticfabrik, siger noget om, hvilket terrorsystem, der er indbygget i disse systemer, som samtidigt, i dette ekstreme tilfælde, ingen mænd ville finde sig i at blive aflønnede efter. Denne lønseddel viser samtidigt, hvilket diktatur der hersker på arbejdspladsen over alle aspekter af arbejderens sociale liv (læs selv).

Bonuspointseddel for . . JAN . . . . måned 19. 75 Nr.: Navn:	Arbejdskraft 00 Bonusandel 017

	A		
1	Arbejdsmængde	x	4
2	Orden og akkuratesse		3
3	Personlig renlighed		3
4	Kendskab til eget arbejde		2
5	Interesse for eget arbejde		3
6	Videregående arbejdsinteresse		2
7	Systemkendskab (arbejdsgangen)		1
8	Branchekendskab		1
9	Opfattelsesevne		3
10	Hukommelse		3
11	Samarbejdsevne		3
12	Samarbejdsvilje	x	5
13	Fremtræden		3
14	Ansvarsfølelse	x	5
15	Interesse for helheden		2
16	Loyalitet for arbejdspladsen		2
17	Pålidelighed	x	5
18	Udnyttelse af arbejdstiden	x	5
19	Egen arbejdstilrettelæggelse		3
20	Økonomisk med materiel	x	4
21	Økonomisk med materialer	x	5
22	Økonomisk at lede (at instruere)	x	3
23	Duelighed som arbejdsleder		1
24	Stabilitet i arbejdstiden (pauser)	x	5
	Bedømt af:	A-sum	76
	÷	B-sum	0
	=	C-sum	76
	Cx faktor = Point	Faktor	100
		Point	76

Pointskala

4: særdeles god
3: over middel
2: tilfredsstillende
1: jævn
0: dårlig

x-mærkede tælles dobbelt, altså 8-6-4-2.
Også mellemtal kan bruges, altså 7-5-3-1.

Pointværdi og beregning ansættes efter gældende regler.

Månedens totale bonusbeløb Kr.: 10.000

Månedens totale bonuspoint: 5406

Månedens pointværdi i øre: 184,98

At udbetale for denne måned:

x 1,8498 = Kr.: 141

	B = fraværsstatistik – fradragspoint.	
25	Sygedage	x 25
26	Fridage – varslede – godkendte	x 5
27	Kom for sent – gået for tidl.	x 5
28	Skatteudpantning – off. henv.	x 25
29	Udeblivelse uden grund	x 132
30	For kort varslede fridage	x 10
		B-sum: 0

Udbytningsformer overfor kvinderne i elektronikken

At ikke kun lønnens højde, men også dens form afhænger af styrkeforholdet mellem klasserne, fortæller det simple faktum, at de dårligste akkordformer er mest udbredte blandt de kvindelige ufaglærte arbejdere. Akkordarbejdets udbredelse i % af samtlige timer for provinsen april kvartal 1975 giver for faglærte, ufaglærte mænd og kvinder henholdsvis en fordeling på 37, 32, 38%. Her må man bemærke, at mange af mændenes akkordformer, f.eks. i byggebranchen, er kontraktløn, dvs. mere behagelige former for akkorder end kvindernes. Og selvom kvinderne arbejder mere på akkord, er det til en væsentlig lavere timeløn end mændene. Hvad angår 1970, viser statistikken, at mens halvdelen af kvinderne må arbejde på akkord for at holde en timeløn på 13–14 kr. i timen, arbejder kun 4% af mændene på akkord for at tjene det samme. Tvangen i akkorden som det eneste middel for kvinderne i normallønsområdet at hæve deres løn på, videreføres i minimallønsområdet, hvor kvinderne jo ellers har en overenskomstmæssig ret til at forhandle løn mellem overenskomsterne. En ligelønsrapport, udarbejdet af KAF's afd. 5 i 1971, viser således, at kvinderne i elektronikindustrien snarere pukler mere på akkord end bruger løfteparagraffen. På en måde kan man sige, at kvinderne i minimallønsområdet opfører sig som om de var i normallønsområdet.

I spørgsmålet om merudbytningen af kvinderne spiller de karaktertræk, dobbeltudbytningssituationen påtvinger kvinderne, en stor rolle. På et møde, vi holdt med tillidskvinderne, diskuterede vi, hvorfor det netop var kvinder, der udførte montagearbejdet i elektronikindustrien. Et svar som dette var gennemgående: "Det er vel det med fingernemheden. Jeg tror, at kvinderne har en hel anden arbejdstakt og er mere præcise. De er mere rappe, mere akkurate og er mere præcise. Og damefingre kan bedre komme ind mange steder, hvor mandfolkefingre er for klodsede. Alting er blevet mindre og mindre efterhånden, og enklere. De første radioer var jo meget store, og nu er de bittesmå", (båndudskrift).

Det gennemgående træk i besvarelsen var en fastholdelse, fremhæven og rosen af kvindernes tålmodighed, akkuratesse, fingernemhed, af de specielle kvindedyder, som var de noget naturgivent. Det gælder både kvindernes håndværksmæssige færdigheder og deres indpodede tilbøjelighed til at affinde sig. Samme tankegang har fundet vej langt ind i Socialdemokratiet, jvf. f.eks. flg. citat fra Arbejdsformidlingens pjece, "Kvinder kan det hele": "Det, at vi er opdraget til at være mere følsomme, er i øvrigt en af grundene til, at der må flere kvinder ud i erhvervslivet, også hvor de større beslutninger tages. Der er brug for mere hensyn. Mændenes levealder *falder* i disse år".

På det omtalte møde brød kun en af tillidskvinderne ud af dette og svarede: "Jeg vil ikke sige, at mænd ikke kan lave det, for selvfølgelig kan de det, men det er bare den mentalitet, man har her i Danmark, med at mænd ikke kan lave sådan noget, og noget andet er så, at vi vel har været en slags løntrykkere, det har vi jo. Jeg har jo set mænd lave nøjagtigt det samme arbejde i Holland. I Holland er hovedparten jo mænd, der sidder på Philips fabrikker og arbejder, og det er nøjagtigt det samme arbejde, som vi sidder og laver her, så selvfølgelig kan mænd, for der er simpelthen ikke andet i store områder, så derfor er mændene nødt til at tage det arbejde, og de klarer det da også udmærket. Jeg har da også set mænd som urmagere. Man drømmer ikke om, at de skal sidde og putte duppeditter ned i små printplader, men det går jo udmærket. De har ikke den tålmodighed, de danske mænd, til at sidde og fingere med det; der er jo også radiomekanikere; men det er bare den danske mentalitet, der er bygget på, at det er jo ikke mandearbejde, for det er det, man normalt kalder idiotarbejde, så der kan en mand jo ikke sidde, vel? . . . " (Båndudskrift).

Karaktertrækkene er altså ikke naturgivne, som dette eksempel viser. I kampen for arbejderkvindernes frigørelse, fører den tankegang, der bl.a. kommer til udtryk i "kvinder kan det hele" til en sikker nederlagspolitik. Det kapitalistiske samfund indpoder kvinderne med "dyder", der med fordel kan udnyttes i arbejdsgivernes profitjag, moderrollens diplomati, uselvstændighed, underprioritering af egne behov, angsten for modsætninger. Det er ikke noget tilfælde, at rengøringsselskaberne har nogle af de strammeste akkorder, for de ved, at de fleste kvinder vil sprænge akkorden for at holde ordentligt rent. — I stedet for at idealisere disse egenskaber, som cementerer merudbytningen af kvinderne, må det dreje sig om at kræve retten til at kvalificere sig på andre områder, lige adgang til arbejde — til arbejde, der ikke er kønsvurderet, og udover dette, at kræve sine kvalifikationer betalt. Både kvindernes fingernemhed, akkuratesse og præcision, dvs. deres håndværksmæssige kvalifikationer og deres ydmyghed er træk, der er påtvunget kvinderne som følge af deres dobbelte udbytning og bundethed til hjemmet. Hvad angår ydmygheden, affinden sig, gælder det om at bekæmpe det, og hvad angår præcisionen, fingernemheden, akkuratessen drejer det sig om at kræve disse kvalifikationer betalt!

Udnyttelsen af kvindedyderne fastlåser også i de blandede brancher kvinderne i det dårligste arbejde. Verbalt roser og fremhæver arbejdsgiverne i elektronikken kvindernes properhed, akkuratesse, ol.; i praksis gør de dem til argument for kvindearbejdets nedvurdering. Mod dette er våbenet ikke, som KAF, at idealisere de kvindelige egenskaber: Således hopper de med på den vogn, der hedder for det første at *overbevise* arbejdsgiverne om kvindearbejdets værd (det er arbejdsgiverne fuldt ud klare over er det mest profitable), for det andet at kræve lønfastsættelse udfra hvad det arbejde, kvinderne udfører, er værd for arbejdsgiverne. I praksis fører dette til en uløselig modsætning, jvf. arbejdsvurderings fastlåsning af kvindearbejdet som det hårdest udbyttede.

Angående kvindernes akkordarbejde i elektronikken:

Akkordens udbredelse i % af hele arbejdsdage i radio- og elektronikindustrien og for montagearbejdere. Hovedstaden. 2. kvartal.

	Mænd	*Kvinder*	
		radio-elekrt.	*montage*
1963	14	44	63
1964	19	58	69
1965	27	53	73
1966	?	?	?
1967	29	63	63
1968	30	63	60
1969	20	65	64
1970	17	51	60
1971	17	50	55
1972	11	48	57
1973	6	48	57
1974	9	43	51
1975	5	31	49

Kilde: Jernindustriens Sammenslutning.

Det er betegnende, at der ikke er nogen kategori for mandlige montagearbejdere. Tabellen omfatter kun virksomheder, hvor arbejdsgiverne er organiserede (dvs. ca. 90%), og det er op til de enkelte virksomheder, hvorvidt kvinderne placeres i montage eller radio- og el. Samt, hvad de vil betegne de forskellige lønsystemer som, hvor man dog må regne med, at "akkord" her er tidsstuderede og stykakkorder. *Kvinderne i elektronikken arbejder mere på akkord end kvindelige arbejdere som helhed*, hvor procenten jo var 38. De har hele perioden en væsentlig højere akkordprocent end mændene, og det til en lavere løn. Selvom 39% (vejet gennemsnit) af kvinderne i dag arbejder på akkord, ligger deres akkordgennemsnit 40 øre lavere end mændenes timeløn. Den høje akkordprocent betyder samtidigt, at grundlønnen ofte slet ikke er sikret, dvs. at *i praksis betyder minimallønsområdet slet ingenting lønmæssigt for kvinderne*. – Den samme statistik, som tabellen er bygget på, viser angående tillæg til akkord eller timeløn, at mens i løbet af tresserne, mændenes tillæg (overarbejde, skiftehold, og det mest interessante "diverse") enten lå lidt under eller var det samme som kvindernes (montage), så sker der i 70'erne en eksplosiv udvikling. Mændenes "diverse" tillæg stiger kraftigt, tillæggene er i 1972 det tidobbelte af kvindernes, og i 73 det dobbelte. Det sidste gælder også i 1974 og i 1975, hvor der i dette år dog er den forskel, at det meste af mændenes tillæg skyldes overtid. – Det tyder på flere ting: De nye timelønssystemer (merit, bonus, etc.) er i langt højere grad indført hos mændene end hos kvinderne, som til gengæld arbejder på ændrede akkordlønsformer. Dette gælder indtil 1975, hvor mændenes lave tillæg (udover det af truslen om arbejdsløshed fremtvungne overarbejde) tyder på, at de har været i stand til at tilkæmpe sig en tilnærmelsesvis fast timeløn.

Bagved tallene, som viser en relativ bortgang fra akkord, skjuler sig, at blot de traditionelle akkorder er på retur, mens akkordens grundlæggende princip, afhængigheden af præstationen, videreføres i nyere lønformer. Udover den omtalte modstand mod akkorden, kan dette hænge sammen med skiftende dominansforhold mellem forskellige

fraktioner af branchen, idet den professionelle militære og statslige elektronikproduktion får relativt større betydning på bekostning af den deciderede masseproduktion. Disse første virksomhedstyper er da også dem, der i fagforeningens statistik figurerer under betegnelsen "timeløn", bag ved hvilken der imidlertid skjuler sig ændrede udbytningsformer. Det gælder virksomheder som Disa, Oticon, Bravour, hvor til gengæld anvendelsen af arbejdsvurdering, tillæg for fuld arbejdsuge, flekstid og lignende motiveringssystemer er mest udbredt.

Kvindearbejdet i den professionelle del af elektronikken *er* faktisk faglært, selvom det ikke kategoriseres eller betales som sådan. Tillidskvinden på A.P. Radio mente f.eks., at kvinderne der sagtens kunne bestå en elektromekanikereksamen; de kendte bare ikke alle de fine udtryk. De raffinerede lønformer i denne del af elektronikken har således også den funktion at tilsløre kvindernes faktiske kvalifikationer.

Anderledes stiller det sig med den deciderede masseproduktion, hvor udbytningsformerne har størst lighed med dem, der anvendes i de traditionelle kvindebrancher, omend de i forhold til disse er mere raffinerede, hvilket har sammenhæng med elektronikarbejdsgivernes større kapitalstyrke, internationale erfaringer i udbytningsmetoder o. lign. På LK-nes afdeling i Haraldsgade, hvor der produceres afbrydere og kontakter i alle afskygninger, arbejder kvinderne på enkeltmands stykakkord, kombineret med en slags timeløn plus bonustillæg, udregnet efter et standardelementtidssystem. Altså et lønsystem, der er så opsplittende som muligt, og hvor der kan være op til 4–8 kr.'s forskel i timen for samme slags arbejde. – I den afdeling på Philips, som tillidskvinden, vi talte med, arbejdede på, arbejdede kvinderne i tidsstuderede gruppeakkorder. Dette gjorde, at man i hvert fald var i stand til at snakke med arbejdskammeraterne, samtidigt med, at arbejdsgiverne har den fordel, at opståede produktionsfejl hurtigt registreres og tilbageekspederes. I andre afdelinger på Philips har man, bestræbt sig mere på at foregøgle arbejderne et klima af samarbejde. At Philips tilsyneladende er foregangsfirmaet på dette område, hænger sikkert sammen med, at det var her, arbejderne tidligst og mest militant manifesterede deres modstand mod den åbenlyse intensivering af arbejdet (jvf. Philipsstrejken i 1954), hvilket tilskyndede ledelsen til, i samarbejde med Teknologisk Institut, at forske i nyere tilsløringssystemer. – I denne afdeling har man indført selvstyrende grupper, jobrotation (hvad der omvendt gør det lettere for arbejderne at overskue arbejdsprocessen), kontraktløn, som i virkeligheden også er akkordløn. Ved kontraktløn binder man sig til, i en længere periode, at producere et vist antal, dvs. at presset sådan set er større end på ren akkord. Hvor mange, fastsættes udfra ens produktion i foregående periode. Således er det lettere for ledelsen at planlægge, og der opstår ikke så mange svingninger i lønnen for den enkelte. – Nogenlunde samme system gik igen på Radiometer, med den forskel, at lønsystemet her er mere uigennemskueligt og individualiseret. Lønnens elementer er grundløn, dyrtid, individuelt jobtillæg, individuel bonus. Bonussen fastsættes på basis af tempoet i foregående periode, og timefaktoren sættes på basis af et MTM-system. Alt i alt ville det kræve et længere og grundigt matematikkursus at regne ud, hvorfor man nu havde fået i lønningsposen, hvad man havde.

Som omtalt anvendes ofte i masseproduktionen et standardelementtidssystem, f.eks. MTM, til intensivering og som grundlag for lønfastsættelsen. Som mange af tillidskvinderne udtalte kunne produktionen i montagen sagtens automatiseres yderligere. Men så længe, kvinderne finder sig i dette ekstreme svedudpresningssystem, og sålænge de er den billigste arbejdskraft, er det urentabelt for arbejdsgiverne at mekanisere. Hør bare, hvad arbejdspsykologen Rutenfranz kynisk siger om den sag efter en undersøgelse af kvindelige arbejdere i den vesttyske elektronikindustri:

> "En mekanisering og automatisering af montagen kræver en stor og udgiftskrævende teknisk indsats på grund af de meget specielle funktioner, der er nødvendige her. Hver monteringsautomat er en specialmaskine, der kun besidder en meget ringe tilpasningsevne. Mennesket derimod indpasses langt mere fleksibelt. Desuden har studierne af de menneskelige bevægelser ved montagearbejde, af anatomien, antropometrien og de sensomotoriske færdigheder i nyere tid ført til en betydelig stigning i den menneskelige monteringsydelse, gennem en fortætning af bevægelsesrækkefølgen samt en reduktion af bevægelsesvanskelighederne. En overgang til mekanisering lønner sig først, når alle muligheder for arbejdsteknisk rationalisering er udtømte" (Funke, m.fl. Modtryk, p. 40).

Kort sagt: så længe kvinderne ikke rejser sig til forsvar for deres helbred, kan det ikke betale sig at automatisere!

Det ses, at uanset alle de kønne navne, indeholder alle lønsystemerne akkordens grundlæggende motiverende principper. Kun et sted mødte vi ren timeløn uden dikkedarer, og det var på den i stilhed arbejderopkøbte fabrik MEC. Her havde man efter overtagelsen indført ren timeløn for alle. Men som det måske kan tolkes ud af tillidskvindens udtalelse: "Motivering? Nej, den slags behøver man ikke at skele til i en arbejderstyret virksomhed", ligger motivationen der indirekte, i tvangen til at overleve som arbejderstyret fabrik i en kapitalistisk økonomi, på de andres præmisser.

Det faktum, at de nye merudbyttende akkordformer bibeholdes i den elektroniske industri, hænger bl.a. sammen med, at kvindernes erfaringer med alle de nye lønsystemer, arbejdsgiverne gennem tiderne har falbudt er, at de alligevel, er forringende for deres vilkår. Deraf den naturlige skepsis overfor nye: "Man ved, hvad man har, ikke, hvad man får". En overgang til timeløn står for dem ikke som noget alternativ, fordi de af statistikken kan se, at det, i de tilfælde hvor det er indført, betyder lønnedgang. Det eneste reelle alternativ ville være en overgang til en høj fast timeløn for alle ufaglærte, en løn, der var totalt uafhængig af præstationens mængde og art, men som var til at leve af. Det ville være et skridt fremad i retning af mere ens kampbetingelser, arbejderne imellem. Og det ville samtidigt være et effektivt våben mod morakkeri og en solidarisk handling med de arbejdsløse, fordi arbejdsgiveren da ville være tvunget til at ansætte flere for at holde og øge profitten. Kun ved således at nægte at tage hensyn til kapitalisternes produktivitet, kan de skadelige konsekvenser af akkorden, som vi har omtalt tidligere, fjernes. Styrkeforholdet mellem klasserne er imidlertid ikke for kvindernes vedkommende til at stille dette krav i dag. Derfor ville et skridt på vejen være at kræve større fast løntillæg, væk med de individuelle tillæg!

Ligeløn?

Allerede i begyndelsen af dette århundrede blev de første krav om ligeløn rejst, men det blev først i 1973, at kvinderne formelt fik ligeløn. Denne formelle ligeløn må ses i sammenhæng med kvindernes gradvise fastere tilknytning til arbejdsmarkedet som en uundværlig del af arbejdsstyrken. I 1973 fik man en overenskomst, der sagde:

> *"Ligeløn for mænd og kvinder.*
>
> De overenskomstmæssige minimallønsatser, herunder mindstebetalingssatserne, for voksne arbejdere, fastsættes med virkning fra 10. april 1973 ens for kvinder og mænd.
> Dag- uge og månedslønninger reguleres efter samme retningslinier.
> Akkord- og bonusordninger: Betalingssatserne fastsættes uden hensyn til køn, hvilket indebærer, at, *hvor mænd og kvinder udfører samme arbejde,* aflønnes de efter samme sats.
> Lige adgang til arbejde: Alle begrænsninger på grund af køn i adgangen til at udføre arbejde af enhver art bortfalder ved ligelønnens gennemførelse".

Kvindeligt Arbejderforbund jublede, – nu havde man endelig fået ligelønnen i hus. Toni Grøn udtalte, at forslaget ville give kvinderne

70,90 kr. mere i lønningsposen om ugen. Men i virkeligheden så det anderledes ud. Land og Folk udregnede kort tid efter overenskomstens vedtagelse, at kun 15% af de kvindelige arbejdere havde fået noget ud af "ligelønnen". Og i dag, 3 år efter, ligger kvindernes gennemsnit stadig 2,87 kr. under de ufaglærtes mænds, dvs. kvindernes gennemsnit ligger stadig på 88% af mændenes. Det gælder også indenfor elektronikindustrien. Her skulle man ellers umiddelbart tro, at kvinderne havde bedre betingelser for at gennemføre ligeløn. De befinder sig her i minimallønsområdet, dvs. i modsætning til de fleste andre kvindelige arbejdere har de en overenskomstmæssig ret til at forhandle løn mellem overenskomsterne. Og selvom det arbejde, kvinderne udfører, er arbejdsintensivt, er elektronikbranchen generelt kapitalintensiv, hvilket betyder, at branchen som helhed ikke er så følsom over for lønforhøjelser som f.eks. tekstilbranchen. *Arbejdsgiverne i den elektroniske branche kan bedre tåle en lønforhøjelse end en strejke, hvad der giver mulighed for lønforbedringer*. På trods af dette er lønforskellen mellem ufaglærte mænd og kvinder i elektronikken i dag næsten den samme som ved ligelønnens formelle indførelse for tre år siden: I december kvartal 1973 var forskellen på 3,09 kr. mellem kvindernes og mændenes gennemsnit, i april kvartal 1975 var den på 3,10 kr.

På et møde med nogle af de tillidskvinder, vi havde kontaktet, diskuterede vi dette problem. Formanden for afd. 5 fremhævede, at kvindernes manglende uddannelse, og her tænkte hun især på tillidskvindernes dårlige uddannelse, var et handicap for gennemførelsen af ligeløn. Desuden mente hun, at kvinderne havde en løs tilknytning til arbejdsmarkedet, så det var svært at overbevise arbejdsgiverne om, at det arbejde, kvinderne udførte, er fuldt ud lige så nødvendigt som mændenes. Et stort problem anså hun for at være, at de tre faggrupper forhandlede løn i forhold til hver deres særskilte statistik, og det gennemsnit, det viste, og således fastholdtes kvinderne i en laverelønnet position. Og de ufaglærte mænd ville ikke gå med til en samlet lønstatistik for alle ufaglærte, da kvindernes lavere gennemsnit ville give *dem* et dårligere udgangspunkt for forhandlinger. "Den eneste løsning, afd. 5 kan se på problemet, er, at der overenskomstmæssigt indføjes en paragraf, der siger, at hvert kvartal, når statistikken gøres op, skal den gennemsnitlige løn for mænd og kvinder på den samme virksomhed være den samme. Vi kan ikke få ligeløn for alle, fordi der er så mange forskellige jobs og lønsystemer, det kan vi lige så godt se i øjnene" (båndudskrift). Hun mente, at de faglærte mænd måtte holde tilbage, så der var råd til at hæve de ufaglærtes løn, og generelt, at kvinderne måtte uddanne sig mere.

Til dette er der at sige: Arbejderkvinderne har i de senere år haft kortere og kortere perioder, hvor de er væk fra arbejdsmarkedet, så tendensen går i retning af en fastere og fastere tilknytning til arbejdsmarkedet, hvilket ikke giver grundlag for at begrunde uligelønnen i den løsere tilknytning. Hvad angår problemet med at overbevise arbejdsgiverne om kvindernes uundværlighed, er de fuldt ud klare over, at det montagearbejde, kvinderne udfører, er nødvendigt og uundværligt, hvadenten det er kvinder eller mænd, der udfører det. Hvad angår tillidskvindernes uddannelse er det da rigtigt nok, at kvindernes dobbelte undertrykkelse må ses i sammenhæng med et lavt uddannelsesniveau. Men det løser ikke problemerne for de ufaglærte industriarbejdere i montagen (højst for nogle enkelte). Tillidskvinden kan være nok så godt uddannet, i sidste instans afhænger hendes indflydelse på lønforhandlingerne af, i hvor høj grad hun har aktive arbejdskammerater bag sig. Dertil kan føjes, at tillidskvinderne ofte, med den ringe uddannelse de så end har, er sparsomme med at videregive viden og oplysninger til arbejdskammeraterne. – Kampen for ligeløn er en kamp for enhed i arbejderklassen, og den kan ikke nås, ved, som fagforeningen foreslår, at man hvert kvartal har samme *gennemsnit* for mænd og kvinder. For det første vil den eksisterende ulighed indenfor gruppen

Kvinderne på B & O kræver ligeløn i 1973. Foto: Ole Lind.

af mandlige og kvindelige ufaglærte arbejdere bestå, og for det andet vil montagearbejdet stadig være det lavest vurderede og det ringest aflønnede. Opsplitningen bliver da blot en anden, og splittelsen vil da ikke længere være et kvinde/mand-problem, men gå på tværs af kønnene. Hvis gennemsnittet for begge grupper er f.eks. 25 kr., kan nogle af mændene og nogle af kvinderne sagtens tjene 37 kr. i timen, andre 19 kr. osv. – En reel ligeløn kan ikke nås, før man nægter at tage hensyn til kapitalisternes produktivitet og dermed bryder med princippet om lønfastsættelse i forhold til præstationer, det være sig mængde eller art. En reel ligeløn kan kun opnås ved at stille kravet om den samme løn til alle ufaglærte, og denne løn skal være en fast timeløn, uafhængig af nogen form for præstation. Denne ligeløn skal de faglærte mænd ikke betale. Vi har gennemgående i undersøgelsen mødt en bitterhed og aggression mod de faglærte mænd fra de ufaglærte kvinders side. Den er reel og forståelig, for såvidt som de faglærte er priviligerede i forhold til kvinderne, og forså vidt som de rent faktisk sjældent stiller sig solidarisk med kvindernes problemer og krav. Men forestillingen, om at de faglærte skal holde tilbage, for at kvinderne kan få ligeløn, bygger på en fejlagtig opfattelse om en konstant lagkage, der skal fordeles mellem grupperne i samfundet. Værdimassen er ikke konstant, tværtimod er det arbejderklassen, der sørger for, at den bestandigt og i forrygende tempo forøger sig. Og heroverfor står, at lønstørrelsen er et spørgsmål om styrkeforhold overfor arbejdsgiverne, om i hvor høj grad kvinderne selv tvinger ligelønnen igennem og dermed fravrister arbejdsgiverne en del af profitten. Denne kamp er naturligvis stærkere, hvis man kan få de faglærte arbejdere til at indse, at ligelønnen gavner *hele* klassen, men det kan man i hvert fald ikke, hvis man kræver, at deres vilkår samtidigt forringes.

I forlængelse af forestillingen om bedre uddannelse som løsende problemerne ligger forestillingen om ligeløn i hele samfundet, uanset uddannelse. Dette blev bl.a. brugt som begrundelse for, at de faglærte mænd skal stå stille. Heroverfor må man sige, at under kapitalismen aflønnes lønarbejderne efter kvalifikationer. Derfor kan kvinderne heller ikke forvente ligeløn med de faglærte mænd. Det udelukker ikke, at at arbejderne, i situationer, hvor de står styrket og samlede overfor arbejdsgiverne kan have styrke til at gennemføre en vis lønudligning mellem forskellige grupper. Det er f.eks., hvad flere italienske og portugisiske arbejdere har gennemført, hvorved de har bidraget til arbejderklassens styrkelse og enhed.

Tilbage til 1973: At kun 15% af kvinderne fik glæde af overenskomsten, er ikke så underligt: dels var der kun tale om justering af mindstebetalingssatserne, og dels blev ligeløn defineret som lige løn for lige arbejde, eller lige løn for arbejde af samme værdi. – Men kvinder og mænd laver ikke det samme arbejde i industrien. Vi fik i undersøgelsen flere eksempler på, at hvor kvinder og mænd før 1973 havde stået ved samme arbejdsprocesser, flyttede arbejdsgiverne hurtigt mændene over til andre arbejdsområder, da papirligelønnen blev gennemført. Fagbevægelsen forstod arbejdsvurdering som en måde at finde ud af, hvad der var arbejde af samme værdi. Men de steder, man gav sig til at indføre arbejdsvurdering, blev det heller ikke til ligeløn:

> "Det er udvalgets indtryk, at der i arbejdsvurderingssystemerne tilsyneladende er lagt vægt på de funktioner, der normalt udføres af mænd, f.eks. således at de fysiske krav vurderes højere end fingerfærdighed" (Betænkning 715, 50).

Kort efter overenskomstens vedtagelse (afd. 5 havde for første gang i mange år stemt ja) reagerede tusindvis af kvinder over hele landet på, at de var blevet narret til at tro, der var tale om reel ligeløn. Mæglingsforslaget gav arbejdsgiverne en frist indtil 1. juli til at indføre ligeløn, dvs. justere mindstebetalingssatserne. For jernets vedkommende udsendte Sammenslutningen og CO et cirkulære, der åbnede døren for indførelse af arbejdsvurdering. 50 tillidskvinder fra den københavnske elektronikindustri vendte sig mod tidsfristen, samledes og udsendte en resolution, hvori det hed:

> "Vi vil på det skarpeste protestere mod den måde, man både fra Sammenslutningen og Centralorganisationen fortolker mæglingsforslaget. Fra Arbejdsgiverside udsendes cirkulære for at undgå ligelønnens gennemførelse, samtidig udsender Centralorganisationen cirkulære om, at ligeløn skal indføres. Vi kan ikke udfra disse organisationers forskellige fortolkninger nå frem til reel ligeløn på vore arbejdspladser. – Vi må på det kraftigste anmode såvel Sammenslutningen som Centralorganisationen om, inden 10. maj, at nå til enighed om, at kvinderne skal have fuld ligeløn nu. Efter tillidskvindernes opfattelse er fuld ligeløn samme betaling for alle ufaglærte. Vore kammerater på arbejdspladserne har mistet tålmodigheden, og hvis vi ikke inden ovennævnte dato har en klar afgørelse fra disse organisationer, kan vi ikke mere tage ansvaret for opretholdelsen af roen på arbejdspladserne. – Kvinderne kender i dag deres styrke, og er parat til at bruge den. Vi hverken kan eller vil fortsætte med at være underbetalte. VI KRÆVER FULD LIGELØN NU". (Land og Folk, 27–28/4 1973).

Omtrent samtidigt eller som konsekvens af dette gik tusinder af kvindelige arbejdere i aktion landet over. Det drejede sig om strejker, arbejd-langsomt aktioner, krav om øjeblikkelige forhandlinger. Det er ikke noget tilfælde, at det var i en blandet industri, jern- og metalindustrien, at kvinderne reagerede skarpest. Her er uligelønnen selvfølgelig mest åbenlys. På *B&O* i Struer nedlægger 600 kvinder arbejdet i nogle timer i protest mod, at der under organisationernes forhandlinger ikke er opnået ligeløn. Ledelsen overvejer at indføre arbejdsvurdering for både mænd og kvinder. På *GNT AUTomatic* i Gladsaxe strejkede 50 kvinder i et par timer i protest mod, at der ikke var indført ligeløn. Kvinderne i den pågældende VMT-afdeling laver det samme som mændene, men der var intet rørt ved betalingen i almindelighed, minutfaktoren eller akkordberegningen. Kvinderne protesterer overfor Toni Grøn og karakteriserer hele propagandaen omkring ligelønnen som forræderi. På *GMT's* afdeling i Søborg nedlægger 250 kvinder arbejdet i protest. Ledelsen tilbyder en forhøjelse af timelønnen, men ikke i princippet ligeløn. Kvinderne afviser og kræver sikring for ligelønnens gennemførelse. – Kvinderne på *Fisker & Nielsen* i København og på *Elektro Mekano* strejker. På *Philips* udtaler tillidskvinde Wanda Jensen, at hvis der var tale om ligeløn, ville kvinderne have 150 kr. mere om ugen, men overenskomsten gav dem ikke noget. På *Danfoss* på Als strejkede kvinderne allerede i 1972 for ligeløn. Baggrunden for de 1200 kvinders strejke var her, at mændene, som udførte nøjagtigt det samme arbejde som kvinderne, havde opnået en lønforhøjelse på 60–70 øre mere i timen. Kvinderne krævede derfor en lignende lønforhøjelse, men blev afvist af ledelsen, som krævede, at et sådant krav blev rejst gennem KAF. Fagforeningsledelsen afviste imidlertid kvindernes krav, og kvinderne bestemte da, at de ville strejke en dag for kravet om ligeløn. Dels for at sætte magt bag deres krav, men især som protest mod fagforeningens afvisning af deres krav. Strejken hjalp ikke, måske bl.a. fordi kvinderne på forhånd havde tidsafgrænset strejken. De fik ingen lønforhøjelse, men idømtes derimod en bod på tilsammen 60.000 kr.

På de arbejdspladser, hvor mændene i 73 stillede sig solidarisk, stod kvinderne stærkest. På Bryggerierne havde kvinderne allerede med mændenes støtte fået ligeløn. På *General Motors* pressede fællesklubben ledelsen til at gennemføre ligeløn. *Lk-Nes*: Kort efter overenskomsten gik fællestillidskvinden i overensstemmelse med afd. 5's aftale til ledelsen og krævede ligeløn straks. Ledelsen afviste og henviste til fristen den 1. juli. 800 kvinder strejkede herefter, på Lk-Nes's 3 afdelinger i Valby, Gladsaxe og Haraldsgade i tre dage. Bortset fra, at mænd og kvinder lavede forskelligt arbejde, var der heller ikke ret mange kvinder, der lavede det samme. Nogle var på timeløn, andre på bonus, andre på tidsstuderede akkorder, atter andre på individuelle slumpakkorder. Det, man blev enige om at strejke for, var 2 kr. mere i timen til de timelønnede, lige ansættelsesløn, og 3 kr. mere i timen til dem, der arbejdede på akkord. Efter 3 dages forløb bøjede ledelsen sig, og kvinderne gik i arbejde igen. Under strejken havde mændene i Valby-afdelingen diskuteret sympatiaktioner, og udtalt, at hvis kvinderne fik bod, ville de omgående reagere. – Kort tid efter fik mændene på LK-Nes imidlertid 50 øre mere i timen, og kvinderne fik ingenting. Denne gang skete det kun på en enkelt afdeling, at tillidskvinden reagerede, og at kvinderne fik forskellen. Så det var ikke lang tid, man havde ligeløn på LK-Nes. (Oversigten bygger på Land & Folk i perioden).

På disse få arbejdspladser stod mændene solidariske med kvindernes kamp, men ellers var det mest dominerende træk, at ligelønskampen blev overladt til kvinderne selv. Denne splittelse af arbejderklassen, hvor de enkelte faggrupper fører hver deres interessekamp, relativt isoleret og uden opbakning fra andre arbejdere på arbejdspladsen, kom også til udtryk i det sidste års kampe mod regeringens og arbejdsgivernes lønstoppolitik. Modstanden har her næsten udelukkende været ført af de faglærte mænd, som ikke eller kun i meget ringe omfang har gjort forsøg på at inddrage kvinderne i kampen. Det er beklageligt, at de stærkeste faglærte grupper, der tit har deres forbund i ryggen, ofte indskrænker deres kamp til en snæver interessekamp og ikke forsøger at inddrage de svagere dele af arbejderne, som i dette tilfælde blev ramt nøjagtigt lige så hårdt, i kampen. Tilsyneladende tilvejebringes enheden på tværs af faggrupper med det nuværende kampniveau først i forsvarskampe mod angreb, der mest åbenlyst rammer hele klassen. Det er Uniprintarbejdernes indbyrdes solidaritet i kampen for at bevare arbejdspladsen et godt eksempel på.

Om industriforbund og deres mulige konsekvenser for arbejderkvinderne.

I de foregående afsnit har vi behandlet den nysammensætning af arbejderklassen, der er sket som følge af strukturændringerne i det danske erhvervsliv. Elektronikindustrien, som er en af de mest ekspansive i dansk industri, viser, at tendensen i kapitalismen er, at de traditionelle fagkategorier forældes, og at kapitalen får større behov for en omkvalificering af arbejdskraften, for flere og flere specialuddannede arbejdere, der har en begrænset viden og let kan flyttes, udskiftes og omskoles efter industriens behov. Med elektronikindustrien som eksempelmateriale betyder det et voksende antal kvindelige arbejdere og mandlige, specialuddannede ufaglærte arbejdere. Samtidig et voksende antal grænsestridigheder omkring de traditionelle faglige kategorier, faglærte, ufaglærte og kvinder. Disse faglige kategorier er ikke længere dækkende for produktionens behov. Hertil kommer, at også den traditionelle faglige organisering, der svarer til disse kategorier, er i opløsning. På Metalarbejderforbundet fortalte man os således, at en stadigt større del af forbundets nye medlemmer ikke var faglærte, men specialuddannede ufaglærte arbejdere. Metalarbejderforbundets nylige udmeldelse af Centralorganisationen af Metalarbejdere må også ses i sammenhæng med en smadring af de traditionelle former for faglig organisering.

Hermed aktualiseres på ny spørgsmålet om arbejderklassens mest hensigtsmæssige faglige organisationsformer, et problem, som i høj grad har betydning for de kvindelige arbejdere. Det er spørgsmålet om, hvilken organisationsform, der giver de bedste betingelser for enhed mellem arbejderne. Og specielt for kvindernes vedkommende må spørgsmålet om, hvorvidt det er hensigtsmæssigt at alle kvindelige arbejdere, uanset arbejdsproces, og i øvrigt som det eneste land i verden, er organiserede i samme forbund, tages op igen. – Det er her værd at lægge mærke til, at mens i provinsen kvinder med vidt forskelligt arbejde og vidt forskellige problemer, fra rengøring til fabrik, står i Kvindeligt Arbejderforbund uden opdeling, har man i København organiseret sig mere fornuftigt, idet Kvindeligt Arbejderforbund her er opdelt i sektorer af metalarbejdere, rengøringsarbejdere osv.

Om baggrunden for Metals udmeldelse af Centralorganisationen.

I 1902 stiftedes "Sammenslutningen af arbejdsgivere indenfor Jernindustrien", hvis formål var at modstå arbejdernes krav gennem fælles optræden. Som modtræk hertil stiftedes "Metalarbejdernes Centralorganisation" i 1912, bestående af 3 metalforbund. Man ønskede at stable et samarbejde mellem de enkelte forbund på benene for at forhindre løntryk og for at afskaffe konkurrencen mellem de forskellige faglærte grupper om det samme arbejde. Dansk Smede- og Maskinarbejderforbund, der var initiativtager, havde længe haft tanker om at ændre fagforbundenes grundlag fra en faglig basis til en industribasis, dvs. at det ikke skulle være medlemmernes faglige uddannelse og stilling, der var det afgørende for medlemsskab, men den virksomhed eller branche, som vedkommende arbejdede i. I perioden 1947–51 havde CO sit gennembrud som hovedorganisation indenfor jern- og metalindustrien. Det skyldtes først og fremmest tilslutningen fra de ufaglærte og kvinderne i 1949, med henholdsvis 28.000 og 7.000 medlemmer. Kvinderne udgjorde på dette tidspunkt 23% af det samlede medlemstal og KAF stillede krav om egne mæglings- og timandsmøder, samt betingede de sig to repræsentanter i CO's forretningsudvalg. Dette blev dog afvist, og kvinderne måtte affinde sig med 2 repræsentanter i forhandlingsudvalget. Allerede på dette tidspunkt er en voksende topstyring tydelig, tilslutningen til CO sker nemlig ganske hen over hovedet på de menige medlemmer.

CO's hovedopgaver har været at forhandle overenskomst på de tilsluttede organisationers vegne, samt underskrive hovedoverenskomsten. Denne skulle dog først vedtages af de enkelte organisationer hver for sig, hvilket senere blev ændret til, at urafstemning blandt alle med simpelt flertal skulle gælde. Desuden har CO været aktiv ved indførselen af de ny, merudbyttende lønsystemer og samarbejdssystemer, som de enkelte forbund ikke havde midler og/eller positioner til at tage op. – Man kan groft set sige, at de faglærte metalarbejdere ikke har fået noget ud af CO i forhold til deres forventninger. De ufaglærte mænd og kvinder har derimod opnået en relativ lønafsmitning nedad og andre faglige rettigheder, som de muligvis ikke ville have haft styrke til at tilkæmpe sig hver for sig.

Det, man ser i øjeblikket, er at de faglærte kæmper for at bevare deres arbejdsområde og styrke deres faglige rettigheder, hvilket de blandt andet forsøger ved udmeldelsen af CO. Metal ønsker hermed at fastholde deres positioner ved kontrol med uddannelser, sikring i forhandlinger og samarbejde med staten. Men dette Metalarbejderforbundets skaktræk vil selvfølgelig ikke kunne forhindre arbejdsgiverne i fortsat at anvende specialarbejdere som en løntrykkende og mere hensigtsmæssig arbejdskraft til blandt andet de tidligere faglærtes arbejdsopgaver. – Med udgangspunkt i arbejdsgivernes styrkelse af deres positioner i brancheforeninger o.lign., og set i forhold til de faglærtes truede situation i en arbejdsløshedsperiode er Metals reaktion for så vidt forståelig i forhold til beskyttelse af egne snævre faglige interesser. De faglærtes arbejdsområde har langsomt ændret karakter under 60'ernes højkonjunktur, hvor netop et voksende antal specialarbejdere, med de faglærtes samtykke, har overtaget store dele af det traditionelt faglige arbejdsområde. Og da der i denne periode har været mangel på faglært arbejdskraft, har dette heller ikke været noget problem for Metalarbejderforbundet, der tværtimod har prøvet at overtage så mange specialarbejdere fra SID som muligt. I øjeblikket forholder det sig omvendt, Metalarbejderne har brug for defensivt at beskytte deres faglige område, hvilket så øger splittelsen til de andre faggrupper.

Og hvordan reagerer KAF på udmeldelsen? Man kan sige, at de forsøger at beskytte deres faglige interesser ved aktuelt, men ikke principielt at gå imod industriforbundstanken. Argumentet går noget i retning af, at så længe der ikke var opnået ligeløn, kunne man ikke opløKAF. På den anden side kan man sige, at KAF har eksisteret i snart 100 år, uden at der er opnået ligeløn eller at andre af kvindernes generelle krav er blevet indfriede. KAF's holdning til Metals udmeldelse ligner således en ren defensiv foranstaltning, der har sin grund i faglige strukturer, som er på vej mod deres opløsning.

Kort om LO's forslag om industriforbund

Allerede ved den danske fagbevægelses start i forrige århundrede diskuterede man industriforbundstanken. Et af argumenterne imod var dengang, at godt nok gik man principielt ind for arbejdernes organisatoriske enhed, men de forskellige arbejdergrupper var *endnu* ikke parate til at skue ud over deres faglige særinteresser. – I dag er debatten kommet op på ny, og har konkretiseret sig i et forslag fra LO. Debatten om industriforbund har i høj grad været en debat mellem fagbevægelsens ledere, hvilket for eksempel afspejlede sig i, at det var påfaldende få overvejelser, selv tillidskvinderne, vi talte med, havde gjort sig omkring konsekvenserne af Metals udmeldelse af CO. Men lad os se lidt nærmere på LO's forslag:

Man forestiller sig de nuværende fagforbunds sammensluttet i 9 forbund efter brancher. I LO's pjece om det samme emne fra 1971 nævner man de karakteristiske træk ved industriforbundene. For det første selvfølgelig, at hvert industriområde har sit industriforbund, og at arbejderne indenfor samme industriområde har fælles overenskomster. For det andet, at industriforbund vil betinge omhyggelig opdeling af LO's overenskomstområde, angivelse af procedure til løsning af grænsestridigheder, omorganisering af LO's kompetente organer og større kompetence til disse, samt udvidet ansættelse af uddannede specialister. For det tredje, at industriforbund vil få organisatoriske konsekvenser. Antallet af organisationer formindskes, organisationerne bliver mere ens i størrelse, færre og større afdelinger. "... med basis i de store enheders økonomiske styrke vil forbunds og afdelingers funktioner i højere og højere grad blive varetaget af fastansatte funktionærer – med en bedre medlemsservice som resultat". – "LO vil få øget styrke og kompetence", "... der vil ske en forenkling af forhandlinger ved bilæggelse af uoverensstemmelser mellem arbejdere og arbejdsgivere på de enkelte virksomheder". Antallet af virksomheder med tillidsmænd vil stige. Begrundelsen for industriforbund fremhæves at være, at "tiderne har ændret sig, og fagbevægelsen har fået nye opgaver". Industriforbund vil skabe mere effektive samarbejdsudvalg. Når alle er samlede under en hat, kan organisationernes deltagelse i rationel tilrettelæggelse af produktionen udstrækkes fra fabrikken til hele branchen, for at tage dennes forhold op til bedømmelse og nå frem til en strukturrationalisering af erhvervslivet gennem brancheråd. – Samtidigt vil industriforbund give mulighed for aflønning af tillidsmænd, og at disse ikke mere skal deltage i produktionen.

Fagbevægelsens top har i de senere år udvist et stadigt aktivere samarbejde med den kapitalistiske stat i foranstaltninger, som er vendt mod arbejderklassen. Der er ingen tvivl om, at industriforbund efter

LO's mønster vil forstærke disse tendenser. Industriforbund efter LO's mønster vil centralisere magten i fagbevægelsens top yderligere og integrere fagbevægelsen endnu tættere i et samarbejde med stat og kapitalistklasse. Fagbevægelsen vil skulle medvirke til at overkomme den kapitalistiske krise, og finde ud af, hvilke brancher det er mest profitabelt for arbejdsgiverne at investere i. De enkelte industriforbund vil være velegnede midler i indkomstspolitiske løsninger. Og den umyndiggørelse, der i dag foregår af LO's medlemmer, vil forstærkes. Det siger sig selv, at tillidsmænd, der mere og mere skal integreres i virksomhedens problemer, og som ikke engang deler løn- og arbejdsforhold med de arbejdskammerater, de skulle repræsentere, ikke har meget med tillidsmænd at gøre. Samtidig vil industriforbund efter LO's mønster være et slag mod de mest progressive dele af arbejderbevægelsen. Ved i højere grad at satse på fastlønnede funktionærer på topplan og en centralisering i toppen vil LO kunne svække de progressive fagforeningsfolk, der som SF'ere og DKP'ere især sidder rundt omkring i de lokale fagforeningsledelser. – Splittelsen i arbejderklassen nedbryder man ikke bare ved at fjerne de organisatoriske skel. Med dette forslag er der en stor risiko for, at kvinderne igen bliver sorteper, hvilket erfaringerne fra Vesttyskland og især Sverige, hvis industriforbund ligner LO's mest, tyder på. Hvor i dag lønforhandlingerne foregår på den måde, at de faglærte tilkæmper sig, hvad de har styrke til, og de ufaglærte så får i forhold til det, dvs. at arbejderne står splittede overfor arbejdsgiverne, er der en risiko for, at man ved disse industriforbund fører splittelsen direkte ind i arbejderklassen, gør arbejderne ansvarlige for den efter bedste "del – og hersk"-princip.

LO's strukturforslag vil umyndiggøre medlemmerne endnu mere, integrere fagbevægelsen i et stadigt større samarbejde med arbejdsgiverne og cementere splittelsen i arbejderklassen. Har arbejderbevægelsen, på trods af dette, styrke til, når forslaget gennemføres, at bryde med de centralistiske tendenser og bruge industriforbundene til at skabe større solidaritet indbyrdes? – Vi må erkende, at svaret i dag er nej. Industriforbund, som medvirker til at skabe større enhed i arbejderklassen er snarere det direkte modsatte af LO's forslag. Forslag af den slags har dog flere gange været diskuteret, også i den danske arbejderbevægelse.

Under den russiske revolution i 1917 og det, der kunne være blevet til en revolution i Tyskland 1918 dannedes arbejderråd, valgt af alle arbejdere på fabrikken. Arbejderrådene skulle kontrollere og på længere sigt overtage magten over den samfundsmæssige produktion. Det var meningen, at industriforbund med bedriftsorganisationen som enhed skulle være den gældende organisationsform. Lignende tendenser har gjort sig gældende i Portugal efter det anti-fascistiske kup 25. april

1974.

Noget lignende fik i Norge flertal på LO-kongressen i 1920. Forslaget byggede på syndikalisternes ideer om lokale samorganisationer: fælles organisering af alle arbejdere på byplan. Kongressen vedtog med stort flertal, at industrivis organisering skulle anbefales fremfor faglig. Endvidere, at LO skulle omlægges, så den byggede på lokale samorganisationer på byplan, og at samorganisationerne skulle overtage forbundets pligter og rettigheder. Endelig skulle LO opdeles i grupper svarende til de store industrier. – Da det kom til stykket, og forslaget var konkretiseret og blev diskuteret i de forskellige forbund, faldt det imidlertid. Det gjorde det sikkert fordi man i forslaget havde overbetonet den lokale, bymæssige organisation og givet meget få muligheder for en koordinering af kampe og diskussion inden for de enkelte faggrupper på landsplan.

Også i Danmark førtes diskussionen på dette tidspunkt, dog knapt så radikalt. I 1924 dannedes Byggefagenes Samvirke, et kartel af 11 byggefag i København. 1929 besluttedes det på Byggefagenes Samvirkes Repræsentantskabsmøde, at nedsætte et udvalg til at undersøge mulighederne for et industriforbund indenfor byggefagene i hele landet. Forslaget kom til at lyde sådan: Industriforbundet skulle bestå af alle bygningsarbejdere, faglærte og ufaglærte. Det nederste led skulle være fabriks- eller pladsgruppen bestående af alle på pladsen beskæftigede bygningsarbejdere. Næste led skulle være byindustrigruppen, også bestående af alle fag. Den skulle overtage de fleste af de gamle fagforeningers opgaver og også forberede, føre og afslutte lokale konflikter. Ved siden af byindustrigruppen skulle de gamle fagforeninger blive ved med at bestå som faggrupper. De skulle foretage faglige og sociale agitationer, varetage lærlingenes interesser, forberede og formidle valgene til industriforbundets ledelsesinstanser. Der skulle også kunne holdes landsfagmøder. Alle valg skulle afgøres ved urafstemning. – Forslaget blev dog ikke til noget.

I forbindelse med den nuværende diskussion om industriforbund er os bekendt det eneste konkrete forslag, der tager udgangspunkt i arbejdernes interesser, kommet fra SF's faglige landsudvalg i september 1975. – Udvalget tilslutter sig opdelingen i de 9 industriforbund, sådan som den er foreslået af LO, men vender sig mod centralismen: "Det grundlæggende princip for nydannelser på det organisatoriske område skal være: decentralisering i toppen, og lokal centralisering". (1) "Det afgørende ved lokal centralisering er, at alle på en virksomhed er organiseret i samme klub og lokale fagforening, og at klubben må have den højst mulige selvbestemmelsesret", f.eks. retten til at

1) Debatoplæg om fagbevægelsens struktur. Tillæg til Minavisen.

forhandle overenskomster, hvilket implicerer, at den lokale fagforening og industriforbundene må afgive en del af den forhandlingsret, som LO i dag sidder inde med. Den lokale fagforening skal højst have støttende og videregiven – af – erfaringer – funktion, udover dens traditionelle opgaver (understøttelsesudbetaling, oplysning osv.). Industriforbundet skal i begrænset omfang udtage generelle krav, som skal forhandles med den modstående arbejdsgiverorganisation (arbejdstid, feriens længde, osv.). Der skal vælges et nyt LO, der består af repræsentanter for industriforbund. *Dette LO skal intet have med overenskomsterne at gøre*, men "kun være et naturligt bindeled mellem industriforbundene, der har den samlede udfarende kraft i forhold til de internationale organisationer, samt overfor samfundsmagten". Urafstemningsprincippet på alle planer. Forslaget implicerer fjernelsen af fagbevægelsens partipolitiske afhængighed, frigørelse fra hovedaftalen, fjernelsen af forligsmandsloven.

I sidste instans er det ikke organisationsformen, der er altafgørende, men i hvor høj grad arbejderne er indstillede på en indbyrdes solidaritet. Hvis dette var tilfældet i dag, havde vi ingen betænkeligheder mod et forslag som dette. SF's forslag rejser imidlertid et andet problem: Vil ikke den store decentralisering, også på spørgsmål om ferielængde og arbejdstid, lade de traditionelle kvindeindustrier i stikken?

Kvinder og industriforbund

I forbindelse med vores overvejelser om, hvad industriforbund ville betyde især for de kvindelige arbejdere, syntes vi ikke, vi kunne få spørgsmålet særligt uddybet hos afd. 5. Derfor henvendte vi os til nogle forskellige piger på metal- og elektronikarbejdspladser rundt omkring i landet og fik dem til at holde et møde med os. Da diskussionen om industriforbund og kvinder involverer så mange problemer, har vi valgt her til sidst at fremstille referatet fra mødet om industriforbund. Vores egen stilling er, at LO's industriforbund ikke er løsningen, at kvinder og mænd på arbejdspladserne må organisere sig fagligt sammen, men at kvinderne samtidigt med dette må mødes i specielle kvindegrupper, der tager sig af kvindernes specielle problemer. Det er selvfølgelig en noget uforpligtende holdning, som ikke ta'r højde for de aktuelle muligheder. På den anden side har vi svært ved at gennemskue problemet.

Hvad ligger der i industriforbundstanken, sådan som den er foreslået fra LO's side?

Sv. "De forslag, Metal har om industriforbund, kan jeg ikke gå ind for;

det er et forsøg på at være med til at styre arbejdskraften derhen, hvor det er i arbejdsgivernes interesser og være med til at ha' fod på hvordan indkomstpolitikken skal foregå efter de og de samarbejdsprincipper. Men industriforbundstanken som sådan går jeg ikke imod, fordi det er et spørgsmål om at samle arbejderklassen, jeg mener, det er en splittelse, at man står forskelligt organiseret".

Sv. "LO's forslag kræver meget af tillidsmændene både på fabriksplan og forbundsplan og så bliver de nødt til at være lønnede – og så kan man centralisere magten i toppen. Det er vi ikke stærke nok til at imødegå – vi bliver nødt til at finde andre samarbejdsmuligheder. Kun, hvis en lønudligning bliver generel, kan vi begynde at snakke om industriforbund på et fornuftigt grundlag".

Sv. "En af de ting, de også vil have ind ad bagvejen, er, at arbejdskraften bliver meget mere bevægelig. Indenfor elektronikken, hvor de faglærte bliver skubbet mere og mere ud af de ufaglærte, som har været på kurser o.lign., betyder det, at ledelsen ønsker, at de bliver skubbet ud og så prøver at få dem ind på andre pladser som nye teknikere osv.".

Sv. "Der ligger den fare i en fælles organisering, at det bliver endnu hårdere at trænge igennem med de problemer; vi har".

Sv. "Der er nogle amerikanske arbejdsgiverfiduser, der forklarer, hvorfor arbejdsgiverne ønsker en mere centraliseret fagbevægelse. Det, der sker, hvis man ska' ha' en lønaftale i stand, er at de store pampere vil underskrive den. Det ser man også nogle gange, når lokale lønforhandlinger bryder sammen, så kan lokalsekretæren komme og underskrive i stedet for tillidsmanden. Så kommer modsætningen til at gå mellem top og bund i fagforeningen, og så kan arbejdsgiverne bare sidde og grine. Derfor er arbejdsgiverne meget stærkt med i industriforbundsbestræbelserne".

Sv. "Man må skelne, når man snakker om industriforbund. Der er de ufaglærtes pigers forhold til de ufaglærte mænd – og der mener jeg, at det på de fleste arbejdspladser er grotesk at ha' to forbund, især fordi vi laver næsten det samme slags arbejde, og vi har de samme problemer og vi render til hver sin tillidsmand, og så kan vi ellers have vores to tillidsmænd til at rage ud mod hinanden og os op mod hinanden. Så er der problemet med de faglærte. Det er klart, at det vil være langt bedre for arbejdsgiverne at ha' folk i et forbund, hvor de ikke vil få alle grænsestridigheder".

Hvad mener I kunne være en fordel ved industriforbund?

Sv. "Jeg synes, man kunne ha' en klub på en fabrik – det er helt vanvittigt, at man er delt så meget op. Det, at de er splittede i toppen, ødelægger også meget for os på gulvet, men meget af den splittelse, der er i toppen, er også reel på gulvet. Kun i ganske få tilfælde har vi kunnet arbejde godt sammen, selvom der ikke var en fælles klub".

Sv. "Der kommer kun få i en fælles klub, de fleste er egentligt temmelig ligeglade med det. Og det vigtigste er også det, der sker til daglig – det er der, de fælles problemer opstår, og hvor skænderierne mellem faggrupperne opstår. Det er vigtigt at finde ud af noget sammen, der passer til de problemer. Indenfor smedene kan de ikke engang klare lønudligningen, og det kan vi piger heller ikke indbyrdes – hvordan skulle vi så kunne klare det i industriforbund?".

Sv. "Man kan prøve at se på, hvad der eksisterer af andre forbund end KAF og Metal og SID. Grafisk Kartel f.eks., hvor 3 forbund er sluttet sammen. Det har haft betydning i konkrete aktioner. På Uniprint har det betydet, at man har haft lettere ved at komme i kontakt med hinanden, forbundene har i forvejen haft fælles diskussioner – meget tættere end man kender til blandt kvindelige arbejdere og faglærte og ufaglærte mænd. På Uniprint havde mændene også gennemtrumfet høj løn for de ufaglærte nye piger, der kom ind. Det havde de ordnet ved fælles aktivitet – klubber og den slags".

Sv. "Kunne man ikke forestille sig, at samme organisering ville give nogle muligheder for, at man begynder at beskæftige sig med hinandens problemer – lærte hinandens løn- og arbejdsforhold at kende? Man kan se på den forskel, der er på klubgeneralforsamlinger og fællesklubgeneralforsamlinger, hvor der er andre problemer, der kommer op – som f.eks. grænsespørgsmål. Man kan ikke udelukke, at en fælles organisering kunne øge enheden".

Sv. "Det er da meget godt med en fabrik, en klub, men de fleste steder er der ikke ret mange piger, der er aktive i klubben, og på mange kvindearbejdspladser eller afdelinger er der ikke engang en klub. Det, det gælder om, er at samle sig omkring de problemer, der kommer de kvindelige arbejdere ved, for det er på det grundlag, man skal lave en fælles klub".

Sv. "Hvis det var sådan, at vi altid holdt sammen, ville det være godt med industriforbund, men arbejdsgiverne har splittet os så grundigt, at det er svært for de fleste at finde ud af at holde sammen".

Når I siger, at de fleste kvindelige arbejdere ikke er stærke nok til at holde sammen mod en endnu stærkere topstyring, som de ikke kan trænge igennem, hvordan ser det så ud i dag?

Sv. "Ja, i dag er der passive klubber blandt pigerne, og de vil være ligeså passive, hvis man bliver slået sammen. Så hele problemet er, hvordan vi får snakket sammen om, hvordan vi skal organisere os. Der er da også heldigvis flere og flere piger rundt omkring, der reagerer, når de gang på gang bliver trådt for meget over tæerne".

Sv. "Hos os vil vi hverken få større sammenhold eller mere demokrati, tværtimod – vi kan se de store klubber, hvor man har alle kategorier, der er der indenfor samme klub lønforskelle på 15 kr. Jeg tror, det er farligt med industriforbund".

Sv. "Ude hos os fungerer fællesklubben som industriforbund, fordi det er den, der har magten til at lave nye prøveordninger – vi kan som arbejdsmænd sige, at vi ikke vil være med, og så kan vi melde os ud af fællesklubben, og så står vi endnu svagere. Flertallet og dem med de høje lønninger har magten, de er ligeglade med os, fordi vi er i mindretal. Mindretallet i et industriforbund kommet let i klemme".

Sv. "Jeg tror, det vil være en styrke for kvinderne og de ufaglærte mænd, at de organiserer sig fagligt sammen – derfor er Metals udmeldelse af CO godt for noget, fordi kvinderne og de ufaglærte mænd tvinges ind i et nærmere samarbejde".

Skal kvinderne organisere sig selvstændigt i dag?

Sv. "Jeg tror, kvinderne må organisere sig selvstændigt omkring deres specielle problemer. Der, hvor jeg arbejdede før, var vi i samme klub som de ufaglærte mænd. Men der var engang, der kom indkaldelse til alle kvinderne om et møde, fordi vi havde for mange sygedage i forhold til mændene. Og der sidder så både tillidsfolk og direktøren og snakker om, at det her er ikke noget socialkontor, men en arbejdsplads. Så bliver kvinderne temmelig arrige over mændenes fuldstændige mangel på at tage kvinderne alvorligt. Og så var vi nogle stykker, der sagde, at vi ville ha' vores egen klub. Man bli'r nødt til at snakke mere om de specielle kvindeproblemer og en klub er den nærmeste løsning. Men det betyder ikke, at man behøver at ha' en selvstændig faglig organisation. Det ville være godt at ha' en kvindeorganisering samtidig med, at vi også var sammen".

Sv. "Og at vi ikke har adskilte statistikker. Det er der, hvor Kvindeligt Arbejderforbund siger, at fordi kvinderne har flere sygedage, bli'r vi nødt til at stå alene for at kæmpe dette problem igennem som piger. Jeg synes, vi skulle holde op med at have adskilte statistikker, for for mig er det ligegyldigt om det er en mand eller en pige, der er syg".

Sv. "Jeg synes, der kan være tale om en slags dobbeltorganisering – kvinderne skal mødes – men de skal også have fælles forhandlinger om løn. Så den faglige organisering skal være den samme foreløbig for ufaglærte kvinder og mænd".

Sv. "Sålænge vi er i mindretal og sålænge vi er en svag gruppe, kan det godt være nødvendigt at dobbeltorganisere os i en periode".

Sv. "Men det hjælper ikke noget, at vi er særskilt fagligt organiseret. Kvindeligt arbejderforbund alene kan ikke kæmpe noget igennem – heller ikke barselsorlov".

Sv. "Med dobbelt organisering mener jeg, at kvinderne skal holde møder sammen evt. i en klub, hvis de arbejder sammen, men omkring løn- og arbejdsforhold skal de være sammen med mændene".

Sv. "Vi bli'r ved med at godtage, at vi piger er meget specielle, men så specielle er vi nu heller ikke. Når man er på arbejde, må man arbejde henimod at man allesammen er arbejdskammerater og ikke er delt op efter køn. Det er det, vi skal bekæmpe og vi må gøre vore mandlige arbejdskammerater forståeligt, at hvis vi har nogle krav og nogle særinteresser, så er det noget, vi må stå solidarisk omkring".

Sv. "Men når kvinderne går til den laveste løn, og de har det dårligste arbejde, må det også accepteres, at de engang imellem bli'r hjemme og passer deres børn".

Sv. "Og mændene bli'r jo aldrig hjemme, når børnene er syge. Og menstruation får arbejdsgiverne ind under en kronisk sygdom".

Sv. "Det er netop specielle kvindeproblemer; det man ikke skal gøre, er ligesom Kvindeligt Arbejderforbund at sige, at det dermed er kvindernes problemer. Det må mændene ta' alvorligt. Og derfor må kvinderne omkring disse ting stå sammen i hvert fald til de har styrket sig så meget, at de kan ta' den kamp op og få resten af arbejdergruppen til at acceptere, at det er fællesproblemer. I den faglige kamp må de organiseres sammen".

Sv. "Det er et spørgsmål om, at kvinderne er kommet senere ud på arbejdsmarkedet, og på grund af arbejdet derhjemme ikke har haft mulighed for at være fagligt aktive. Derfor føler de sig ikke på samme måde forpligtede overfor fagforeningsarbejdet. Det er et spørgsmål om at se anderledes på organisationsspørgsmålet i forhold til de kvindelige arbejdere.

Sv. "Det er et spørgsmål om, at kvinderne på arbejdspladsen og ikke i fagforeningen udelukkende har nogle positioner, hvor de lærer deres egen styrke at kende, fordi de faktisk står stærkt. De er i dag blevet uundværlige på arbejdspladserne".

KVINDEARBEJDE OG KVINDEKAMP

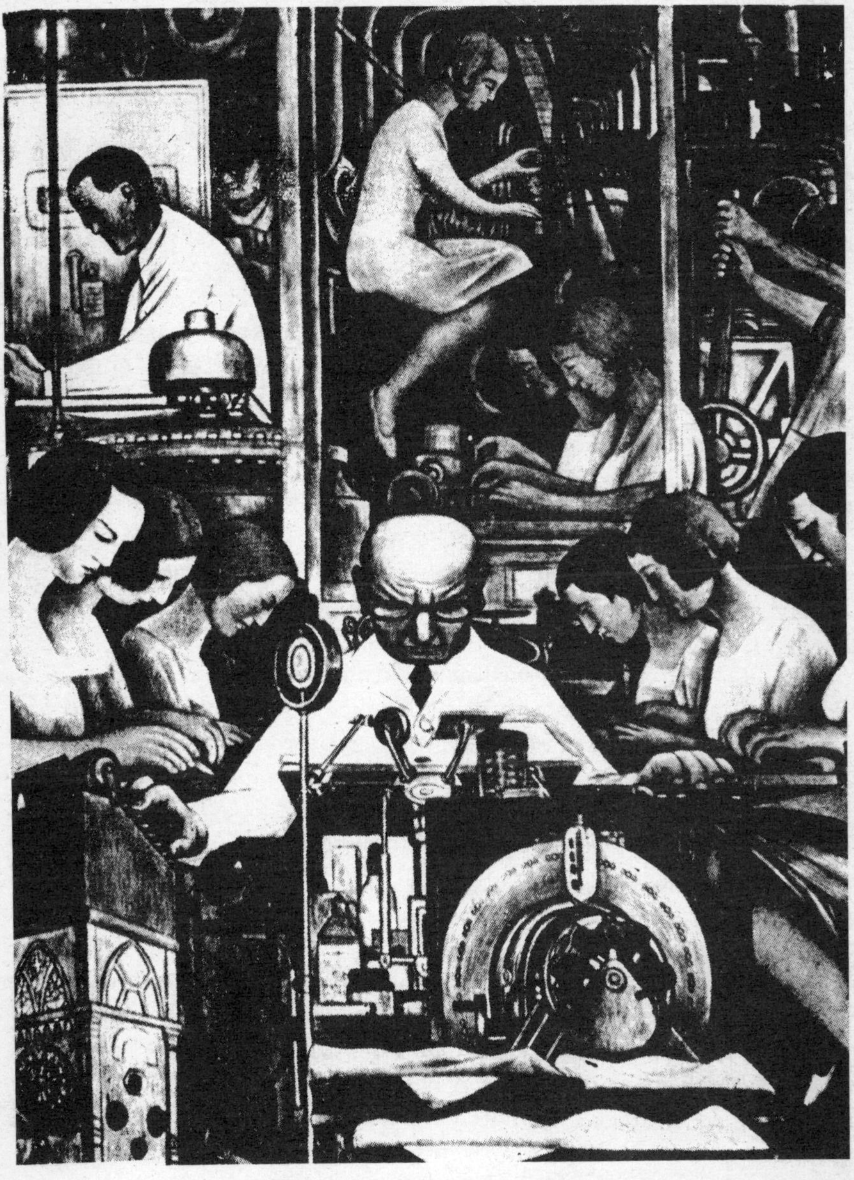

Under titlen „*Kvindearbejde og kvindekamp*" starter Modtryk i løbet af 1976 udgivelsen af en ny serie.
Hensigten er at viderebringe en række analyser af kvindearbejde og erfaringer fra kvindekampe udfra et socialistisk klassestandpunkt.
Udgangspunktet for serien er, at kvindeundertrykkelsen opretholdes og udnyttes i det kapitalistiske samfund. Men i dagens borgerlige samfund udgør kvinderne ikke en samlet gruppe med fælles interesser. Groft taget har hver klasse og lag sit kvindespørgsmål. Serien vil orientere sig imod forskellige grupper af kvinder blandt lønarbejderne. Kampen mod denne undertrykkelse er en del af den samlede kamp for socialisme, idet hele arbejderklassen må overvinde den indbyrdes splittelse og stå sammen om at kæmpe for dette mål.
Serien anser vi for at være et tiltrængt *alternativ* til store dele af den nyere kvindelitteratur. Vi tænker her især på en række ideologikritiske og mere eller mindre borgerlige undersøgelser af specielt kvindernes bevidsthed. Disse analyser koncentrerer sig for ensidigt om kønsforskellene. Herved idealiseres kvindeværdierne og opfattelsen af at alle kvinder har fælles interesser på grund af deres køn fastholdes. En særdeles uheldig konsekvens heraf er f.eks. arbejdsdirektoratets pjece „Kvinder kan det hele". Her er der tale om, at de forskellige kvinderoller netop bliver idealiseret og brugt som argument for at kvinderne skal ud på arbejdsmarkedet, mens forskellige kvinders reelle klasseinteresser bliver tilsløret.
Vi synes derfor at det er nødvendigt som modpol til disse former for udgivelser at præsentere en mere kvalificeret debat om forskellige grupper af kvinders situation på arbejdsmarkedet og i hjemmet.
Serien vil derfor gribe spørgsmålene om kvindearbejde og kvindekamp an på flere måder. Vi vil både viderebringe *teoretiske analyser*, formidle *konkrete undersøgelser* og gengive en række *udenlandske erfaringer* omkring erhvervs- og hjemmesituationen blandt industriarbejderkvinder, kontorarbejderkvinder, rengøringsarbejdere og andre dominerende kvindeerhverv.
Og vi vil forsøge at vise udviklingen i kvindernes placering på arbejdsmarkedet, såvel som den splittelse af arbejderklassen, som denne udvikling medfører og den modstand og de kampe, som kvinderne fører mod disse diskriminerende forhold.
Vi vil på denne måde forsøge at komme ud over spaltningen mellem teoretiske og empiriske undersøgelser og lægge op til en kontinuerlig og alsidig politisk debat om forskellige lønarbejderkvinders livs- og arbejdsvilkår.
Udover at levere materiale omkring kvindernes dobbelte arbejdssituation som både ude- og hjemmearbejdende, vil vi vise, hvordan arbejdsgiverne stadig diskriminerer kvinderne på arbejdsmarkedet, og hvordan statens angreb på de sociale goder, som f.eks. daginstitutionsområdet også rammer kvinderne hår-

dest. Dvs. hvordan *kvindearbejde stadig er karakteristisk dårligt og underbetalt arbejde* og kvinderne blandt de mest udsatte i krisetider.

Serien vil især bidrage til belysningen af arbejderkvindernes særlig udsatte stilling indenfor arbejderklassen som en særlig udbyttet del. For størstedelen af arbejderkvinderne er dobbeltarbejdet en hverdagsoplevelse: lav løn, dårlig eller ingen uddannelse, der betyder monotont, opslidende og sygdomsfremkaldende arbejde, samt løsere tilknytning til arbejdsmarkedet.

Forståelsen af lønarbejderkvindernes situation anser vi for nødvendigt for at kunne *bidrage til en socialistisk strategi* for kvindernes kamp såvel som for at *understøtte udviklingen af en revolutionær kvinde- og klassepolitik.*

Der har i de senere år vist sig et *voksende behov* for et mere gennemarbejdet materiale om kvindernes stilling i samfundet fra en række grupper blandt arbejderkvinder og på forskellige uddannelsesinstitutioner. Og der har været en *voksende modstand* blandt grupper af kvindelige arbejdere i form af strejker, spontane arbejdsnedlæggelser o.l. Vi regner derfor med, at vi med denne serie kan støtte arbejdet med disse problemstillinger og modstanden mod den voksende udbytning af de kvindelige lønarbejdere.

Desuden er serien *en tiltrængt udfordring* til såvel den reformistiske som revolutionære venstrefløj, hvor kvindepolitikken har haft en pinlig stedmoderlig status.

Serien henvender sig således til en bred gruppe af læsere – selvfølgelig afhængig af den enkelte bogs emne – og vi håber at vi hen ad vejen kan inddrage mange flere i debatten. Det er vores opfattelse, at en sådan serie vil kunne være *rammen om en koordination* af det arbejde, der laves på et socialistisk grundlag rundt omkring.

For at angive vores intentioner vil vi kort kommentere de fem første bøger i det følgende og i en rubrik give vores foreløbige bud på videre planer for at vise udviklingsmulighederne og hensigten.

Seriens bøger kan købes både i løssalg og i *abonnement.* Vi vil opfordre til at tegne abonnement for at kunne følge debatten kontinuerligt, og fordi det vil udvide vores økonomiske muligheder. Vi regner med, at vores initiativ vil få jeres opbakning.

Kvinderedaktionsgruppen under Modtryk

1. Kvindearbejde 1950-71.

Brita Foged

„Bogen er for så vidt epokegørende både ud fra sin genstand, kvindearbejdets udvikling gennem de sidste 20 år, og sit teoretiske udgangspunkt, som er klart marxistisk. Det betyder at ændringer i kvindearbejdet ikke forklares f.eks. ud fra kvindernes ændrede *ønsker* om øget erhvervsarbejde, men istedet forklares materialistisk, dvs. i forhold til ændringer i kapitalens akkumulationsproces og reproduktionsproces."

Ovenstående citat er hentet fra bogens efterskrift, som indeholder en kritik af bogen samt ansatser til et viderearbejde med sammenkoblingen mellem kvindeanalyse og marxistisk teori.

Bogen er således ikke den færdige analyse over ændringer i kvindearbejdet i Danmark, men en brugsbog.

En brugsbog som med tal beskriver udviklingen i kvindearbejdet samt udviklingen i kapitalakkumulationen. Ud fra en total betragtning af samfundet, beskrives hvilke funktioner kvinderne varetager.

Desuden indeholder bogen en præcisering af dobbeltkarakteren af kvindeudbytningen inden for arbejderklassen i produktionen og i familien. Inden for industrien er der tale om ændringer i kvindernes antal og lønstørrelse i forhold til mænd. Og i arbejderfamilien varetager kvinderne arbejdskraftens reproduktion.

3. Kvindelønarbejde –

belyst ved tobaksindustrien i Ålborg.

Birte Siim og Ruth Emerek

Bogen tager udgangspunkt i en konkret empirisk undersøgelse af kvindelønarbejdet og de kvindelige arbejderes totale sociale situation i en typisk kvindeindustri – nemlig tobaksindustrien. Herigennem fremdrages nogle karakteristiske træk ved kvindelønarbejdet og de kvindelige industriarbejderes situation. Bogen indeholder en historisk analyse af tobaksindustriens udvikling gennem de sidste 20 år. Hovedvægten lægges på centraliserings- monopoliserings- og rationaliseringstendenser, og vi belyser, hvilke problemer denne udvikling har skabt for de kvindelige arbejdere. Undersøgelsen focuserer her især på problemer omkring skifteholdsarbejde og akkordarbejde, men behandler også mere generelle arbejdsmiljøproblemer, herunder kvindernes fysiske og psykiske sundhed.

Endvidere diskuteres tesen om arbejderkvindernes nødvendige dobbeltarbejde

på baggrund af ændringer i arbejdsdelingen i familien og i kvindernes erhvervscyklus.
Perspektivet for undersøgelsen er at vise, hvorledes den samfundsøkonomiske udvikling herunder specielt ændringerne i den samfundsmæssige arbejdsdeling og arbejdsdelingen i familien gennem de sidste 20 år kommer til udtryk for en konkret gruppe kvinders arbejds- og levevilkår.

4.–5. Ændringer i kvindearbejdet i Danmark efter 1950. I og II.

Forfatterkollektiv

Med disse udgivelser vil vi vise, hvordan kvindearbejdet har udviklet sig efter 1950. Vi vil især lægge vægten på højkonjunkturen i 1960'erne, samt prøve at belyse den nuværende krises virkning på de kvindelige lønarbejderes situation. Overgangen fra landbrugets til industriens dominans i samfundsøkonomien igennem 1950'erne betød gennemkapitalisering af samfundet og dermed udbredelsen af lønarbejdet. Flere kvinder kom ind på arbejdsmarkedet, samtidig med, at en række af de funktioner, der før blev varetaget i hjemmet, nu bliver fremstillet industrielt (føde, tøj), eller lagt ind under det offentlige (børnepasning).
Gennemkapitaliseringen af samfundet skete via koncentration og centralisering inden for kapitalerne, således at det samlede antal industriarbejdere er faldet relativt. Den store tilgang af kvinder til arbejdsmarkedet i løbet af 1960'erne gik især til den offentlige sektor samt til de private service-fag (HK-området).
Bøgerne vil først behandle de samfundsøkonomiske/statslige omstruktureringer, udbredelsen af kapitalforholdet medfører. Med denne behandling som baggrund vil vi se på ændringerne i kvindearbejdet ved at analysere forskydningerne i kvindernes erhvervsstruktur, deres arbejds-løn-organisationsforhold, samt deres kvalifikationsstruktur. Det gør vi for at se på tesen om, at kvinderne udgør den del af arbejdsmarkedet, der generelt har de dårligste arbejds-, uddannelses- og lønvilkår – dvs. ensformigt arbejde, lav løn, ingen uddannelse.
Herefter går vi over til specielt at behandle de kvindelige industriarbejderes forhold i de kvindedominerede brancher. Her undersøger vi branchernes specielle økonomiske struktur (arbejdsintensiteten), stilling på verdensmarkedet, branchernes krav til kvindernes kvalifikationer, arbejds- og lønforhold. Statens relation i forhold til brancherne i form af økonomisk støtte er af betydning (egnsudvikling, eksportstøtte o.l.). Her vil vi især se på tesen om, at kvinderne udgør hovedparten af den industrielle reservearme. Afslutningsvis vil vi prøve at føre analyserne, både de specielle og de almene, op til situationen i dag.

Kvindeseriens bøger kan købes i løssalg og abonnement. For at følge debatten kontinuerligt vil vi opfordre dig til at tegne et abonnement så hurtigt som muligt. Dette vil desuden støtte vores økonomiske muligheder i forhold til fremtidige udgivelser.
Løssalgsprisen bliver kr. 22,50 pr. bog og et abonnement for 4 bøger (efter eget valg, anfør numrene på de ønskede bøger på girotalonen) bliver 70 kroner. Vi regner med din aktive støtte og interesse i denne kvindeserie og håber på at du/I vil få glæde af bøgerne.

Bøgerne kan bestilles hos:

Forlaget MODTRYK
Anholtsgade 4
8000 Aarhus C.
Telefon (06) 12 79 12
Postgirokonto 5 21 64 78